U0803530

块泥山風染
千年梦華

壬辰秋吕章申题

黄宏藏枕

（上）

上海科学技术文献出版社

海岳堂收藏瓷枕图册编委会

顾　　问：邓　捷　夏煜静
策　　划：王卫国

主　　编：吴　俊
副 主 编：黄　宏　陆　星　吴　越
编　　委：宋飞波　闫　丽　潘　昕　夏鸿杰　张　树

序

块冰岚染　千年梦华

《说文》云：“枕，卧为所荐首者也。”在中国，枕头的历史可以追溯到原始人时期，在一个洞穴里，人们发现了一具7000多年前的尸骨，已经成了骨架，但是头下的一块石枕仍在。综观古代历史，各种材质的枕头都有所发现，例如玉枕、铜枕、银枕、瓷枕，但是真正作为文化载体的枕头那非瓷枕莫属。

瓷枕创制于隋代，是生活的实用品，夏用之凉爽宜人，久用明目益睛，可调理血压，防止颈椎增生。所谓“半窗千里月，一枕五更风”，恐怕就是古人对瓷枕厚爱的原因了。瓷枕大量的出现是在唐至五代：唐代的瓷枕比较小，有人认为是号脉用的，有人说是儿童用的，但都是实用枕；隋唐的瓷枕小而精致，有多种工艺装饰，其中湖南长沙窑的雕塑脉枕、绘画枕，北方巩县等窑口的绞胎花枕，以及诸多北方窑口的三彩脉枕、席纹黄釉枕都堪称艺术精品；唐五代也有稍大一点的枕，令人印象深刻的就是虎头雕塑枕，其风格写实而夸张。到了宋、元时期才是中国瓷枕文化得到大力发展的时期，那个时候瓷枕产地遍及南北，形制繁多，各具特色，并从实用品逐渐转向承载中华文化的艺术品。

宋元雕塑的缩影

在中国雕塑发展史上，宋元本来是一个衰落时期，既没有汉代陵寝石雕中“马踏匈奴”那样的大汉雄风，也没有唐代吸收外来文化后，如敦煌、云岗、洛阳那样纪念碑式的宗教雕塑艺术，不期小小的一方瓷枕，却把宋元雕塑以更加世俗化、生活化的形式，淋漓尽致地表现出来。

在宋元时期的瓷枕上，各种雕塑的技法，例如立体雕、平面雕等都有所体现，在我收藏的瓷枕中，就有各种各样的动物造型，如犀牛、老虎、狮子、兔子、熊、猫、猴等，造型生动活泼，惟妙惟肖。虎枕我已有专门介绍，其实狮枕也为数甚多，随侍在菩萨之侧的狮子，自然成了护法神兽。元代褐釉狮形枕、宋三彩狮形枕把凶悍的狮子变成了人见人爱的宠物。胡人驯兽狮形座枕，枕座为一胡人牵一狮子，胡人应为驯狮有名的昆仑奴，胡人驯狮也可根据谐音，理解为福（胡）寿（兽）双全。

除了动物造型，孩儿枕也十分常见。现北京故宫博物院就藏有一件定窑孩儿枕，神形兼备，富有情趣，运用多种装饰手法制作，反映出宋代定窑工匠高超的制瓷技能，同时也体现了宋代社会对儿童的重视和关爱。孩儿枕寄托了人们多子多福的心愿，人们认为儿童象征着吉祥幸福，能降福驱灾。据说，乾隆皇帝就非常钟爱孩儿枕，有一次得到一件孩儿枕后，诗兴大发，题了一首诗："瓷枕通灵气，全胜玳与珊。眠云浑不觉，梦蝶更应安。"我收藏有几件孩儿枕，金代酱釉卧婴枕，似为定窑器。其中有一件清代的孩儿枕，虽年代不甚久远，但却不能不说是一件雕塑的精品。一个孩童匍匐地上嬉戏，十分可爱。这些极其生活化的雕塑，虽然没有崇高威严感，但使人感到亲切，置于卧室床头，正好融入了千家万户的生活。这些有造型感的瓷枕，是人们寄托美好愿望和祝福的载体。

古代绘画的风采

中国美术史一般认为，到了元代，中国绘画反映社会生活的人物画骤然衰落，取而代之的是反映自然美的山水画和花鸟画，其代表性人物"元四家"多是以画山水花鸟画见长。而在我看来，瓷枕上面的绘画则不然，由于与老百姓生活相关的元曲的兴起，很多戏曲故事和戏曲人物成了元代瓷枕绘画反映的重要内容，其绘画不仅保留了许多金元杂剧的重要史料，而且其在人物画上的成就，显然是对金元纸质绘画的一大突破和发展，一一展开，不仅是一部金元戏曲史，更是一部社会生活的百科全书。如李逵负荆、赵卞入蜀、僧稠解虎、孟宗哭竹等，许多历史故事都在瓷枕上有所反映，难怪有人曾把磁州窑绘画对宋人生活场景的描画，说成是"清明上河图"的补遗。我收藏有《宋江杀惜》画枕，画面为一男子手持尖刀仓皇而遁，房中一妇人横卧床榻。我还收藏有《鬼谷下山》画枕，一个《鬼谷下山》生动地说明卖了2.3亿元的元末青花罐，其实是从宋末元初的瓷枕画作发展而来的，两只老虎拉着鬼谷子的车与青花罐上的画如出一辙。我的另一件《单鞭夺槊》画枕，讲的是尉迟恭力战单雄信，夺下其手中的槊，使秦王李世民得以脱险的故事。

瓷枕所反映的宋元社会生活是很全面的，宋元人的日常生活，渔樵耕作，儿童嬉戏，市景勾栏，人生百态，都一一入画。我收藏有闹元宵枕，孩子提着兔灯嬉戏；儿童捶丸枕，雄辩地说明了高尔夫球运动起源于中国；蹴鞠枕，更见证了中国是世界足球的故乡； 童子风筝枕，为研究宋代的社会生活及民俗提供了实证；熊骑竹枝枕，采用拟人化的手法，极具生活感。宋元是中国花鸟画的繁盛期，宋徽宗开办宫廷画院，自己就是花鸟画的行家里手。一个芦雁枕，看似简单，它的朴素画风，强烈的民间意蕴，对中国许多美术大家，如林风眠、黄永玉、韩美林都产生过影响，成为他们向民间借鉴创作素材和灵感的重要源泉。喜鹊登枝枕显示了画家非凡的写实功夫和造型能力，过去认为仅日本美术馆有收藏，我把这个枕拿出来，是想说明这个看法并非没有争议。柳莺戏鱼枕画面布局匠心独具，构思奇巧。蝶恋花如意形枕画面清新，很能体现宋代花鸟画的风格。蜻蜓荷花枕，像这样的花鸟画小品，甚至在当代花鸟画家，如齐白石的画中，我们都能看到一种传承。

瓷胎能产生很好的晕散效果和水墨效果。它不受材质的限制，能充分体现毛笔这种软性材料的特点。那个时候的艺术家们在瓷枕上挥毫泼墨，枕面就是一幅画面，方寸之间，构图和立意都要非常好，这就更体现了绘画的功底。从以上几个瓷枕上的绘画小品，可以看出宋人审美品位之高，作画布局之妙，画笔勾线之巧，与一些文人的绘画小品和扇面比较，其高下难分，只是瓷枕没有设色而已。瓷枕以有限的画面记录了宋人的生活，体现了宋人身心放松、与世无争的心态，反映出那个时代绘画的面貌和一些绘画大师的风格。

瓷器的综合性艺术

许多瓷器，比如一个盘子，一个碗，一个瓶，只能是片面的，观赏的角度有限，而瓷枕可以让人们多角度地欣赏，并且瓷器的各种技艺在瓷枕上都有所展现。宋代的各个窑都烧制瓷枕，最大的是磁州窑，其次就是邢窑、定窑、湖田窑以及晋南窑等一些地方窑。刻、划、剔、印、堆塑等技法都有所采用，极大地丰富了瓷枕的表现力和艺术性。我收藏有一个耀州窑刻花牡丹枕，我国著名陶瓷家陈华莎看到这个枕后，随即拍了多张照片，称这是她看到的唯一一个早期耀州窑的枕。当你收藏了一批瓷枕后，你会发现对唐宋以来各个窑口胎质的特点，工艺的特点，各种施釉、装饰的技法都能有一个全面把握。在中国的审美发展史上，由于宋代经济文化的高度发展、君王的推崇、文人的参与，各种艺术门类，甚至人们日常生活的审美品位都很高。宋代五大名窑的艺术成就，充分反映了宋人那种追求高雅、精致、自然、素朴的审美观念，而这一切，可以说都在瓷枕上得到了全面的反映。我们可以说，瓷枕不仅综合反映了中国瓷器的发展水平，而且全面展示了宋人的审美品位和追求。收藏瓷枕的历史就是收藏一部中国隋唐宋元的瓷器和审美发展史。

宋元书法、诗词的载体

宋元瓷器常采用的三彩工艺使枕面色彩丰富、鲜艳夺目，剔花工艺使各种图案层次分明、富有立体感、赏心悦目。而珍珠地的工艺，更使瓷枕美轮美奂，多了装饰性。这些工艺充分展现了宋代瓷器艺术的辉煌，一部瓷枕的发展史，就是一部中国瓷器工艺不断进步的发展史。

至于用文字、诗词装饰瓷枕，更是一个常用的工艺，大大丰富了瓷枕的艺术表现力，增加了文化内涵。在我收藏的三百多个瓷枕中，就有八十多个诗词书法枕，书法有楷书、行书、草书、篆书，可以说，各体皆有，唐诗宋词、元曲话本、民间俚语，皆擅其长。枕着一方瓷枕入梦人们可以欣赏古代文学艺术之美、书法文字之美，提高人们的文化修养和审美品位。

我曾写《美哉，宋元诗词枕》一文，发表于《中国文化画报》和《文明》杂志。从我收藏的八十多个宋元诗词枕中，我概括了诗词枕的八个美，一是“精神见于翰墨”的“崇高美”。我们可以从匠人喜爱书写范仲淹、苏东坡等有爱国情怀诗人的作品，因体现了儒家忠心报国的理想人格而被尊为“亚圣”的颜真卿的颜体，以及在瓷枕上直接刻上“怀着日月，秀毓山河”，看出诗词枕所张扬的向往崇高的审美追求。二是“江清月近人”的“自然美”。瓷枕上收录的唐诗、宋词、元曲多歌咏山水的佳词丽句，孟浩然的“野旷天低树，江清月近人”，寇准的“野水无人渡，孤舟尽自横”，晏殊的“楼台侧畔杨花舞，帘幔中间燕子飞”，韦庄的“野花合雨折，怪石入云寻”，以及匠人们自撰的“细草烟深暮雨收，牧童归去倒骑牛”、“村落家家树，园林处处花”等，就像一幅幅水墨小品，有很强的画面感，反映了宋元时期盛行的“尚意”之说所包含的顺应自然、趣味天成的美学哲理。三是“满船空载月明归”的“禅境美”。宋一代对美学起到引领作用的苏东坡、黄庭坚等人都深受禅宗影响，瓷枕的诗词中，有不少禅诗，德诚禅师所作：“夜静水寒鱼不食，满船空在（载）月明归”，画僧贯休的“落日碧江静，莲唱清且闲”，都书写于瓷枕之上，枕着睡觉，想必一定心淡如水、宠辱皆忘。我尤其喜欢瓷枕上“酒入愁肠化作相思泪”的“寄情美”，一首范仲淹的《苏幕遮》，通过对秋景的描述，抒发了诗人的离乡之愁、亡国之痛，表达了人们期望国家统一、社会安定、亲人团聚的情感。而曾官拜右丞相封崇国公的吴潜，更以一首“江上绿杨芳草，想见故园春好”的《如梦令》，寄托了对祖国大好河山的怀念和赞美。这两方诗词枕，一方配潇洒的黄庭坚书体；一方显然是苏东坡“尚意”书法的味道，行笔温婉媚雅，潇洒娴熟，使瓷枕的审美价值大大提升，深为我爱。宋元诗词的审美如果展开，那就是一本厚厚的专著，这里只能点到为止。

古代瓷枕，作为中华文化历史传承的见证和载体，具有重要的历史、文化和审美价值，但多年来，它所得到的关注并不多。这次上海浦东区委宣传部在浦东艺术节之际，为我举办了《海岳堂主人收藏古代瓷枕展》，并出版了《块冰岚染，千年梦华——黄宏藏枕》的画册，使我深为感动，这不仅是因为通过这一展览和画册的出版，使我个人无力完成的将个人收藏转化为社会文化财富，更因为浦东区委高度重视文化建设，并努力发掘、保护中华文化的重要载体，使之发扬光大的眼光和魄力。从某种意义上讲，我认为浦东此举，具有开拓意义，它发掘、扶植、整合了民间收藏的资源，发掘和彰显了中国古代艺术品的美学价值，是真正对中国文物实施保护的有力之举，是将分散的个人收藏整合为我国文化建设的重要组成部分，并使人民群众的文化意识和审美品位得以提升的重要途径，谨致以衷心感谢。

国家博物馆馆长吕章申为本次展览和画册题词，体现了国家博物馆对民间收藏的关注和支持。谨在此表示深深感谢！

黄　宏

2012.9

目录

唐

宋

辽

金

元

明

清

附录

唐代黄釉席纹脉枕

Yellow Wrist Cushion with Bamboo Mat Pattern (Tang Dynasty)

唐代黄釉席纹脉枕。席纹是唐代黄道窑、洪州窑常用的装饰技法，一般多用在执壶上，是用竹席压出图案，再施釉。这种装饰工艺在唐以后已不再出现，就是在唐代的瓷枕上，饰以席纹也很少。唐代瓷枕一般都比较小，所以称之为脉枕，当然是不是号脉所用，也是有疑问的；也有的称为行枕，认为是便于携带。这都是因为唐枕相对尺寸较小而引起的猜测，并没有太多的依据。

长13.5　宽9.5　高5.6 *

*本书所有单位均为“cm”

唐代绞胎脉枕

Marble Glazed Wrist Cushion (Tang Dynasty)

唐代绞胎脉枕。绞胎工艺是在唐代形成的，它是用白、褐两色，或多色泥料相间，揉和在一起，拉胚成形，或者切片成形，使其具有了各种花纹图案，最多的是木纹，其次是宝相花图案，当然也有鸟纹、流水、行云纹图案。这种绞胎其实是模仿漆器的犀毗工艺，按王世襄在《髹饰录解说》中说“剔犀是用两种或三种色彩，在器物上有规律地逐层积累起来，至相当的厚度，然后用刀剔出云钩、回纹等图案花纹，在刀的断面，可以看到不同的色层”。从此枕的枕面、枕侧可以看出漂亮的木纹，这种不规则的图案，少了几许人为制作的痕迹，多了几分自然和天趣。稍有遗憾的是，枕面有积釉，反而把花纹的美丽掩盖了。当然，用强光打在枕面上，那又是另一番景象。这种小箱形的枕出自唐代。陕西、河南等地的唐墓都有此类枕出土。北方多有此类枕的烧制，但最有代表性的还为巩县窑。此枕枕底露胎，可见清晰的木纹图案，枕底中心置气孔。

长15.5　宽8.5　高7

唐代长沙铜官窑花鸟脉枕

Wrist Cushion of Tongguan Kiln with Flower & Bird Pattern (Tang Dynasty)

唐代长沙铜官窑花鸟脉枕。唐代枕一般形制较小，普遍称为脉枕，顾名思义，主要用于医疗号脉，如果这样解释，那号脉的大夫也太多了。另一种称呼是行枕，是指此类枕主要为旅途中便于携带，想必枕起来也不够舒服。不管是叫脉枕，还是称行枕，唐代这种小枕，都是很有艺术性的。枕面用绿釉画一飞鸟，虽然由于窑粘的原因，整体画面受到破坏，但这毕竟是一幅唐代的写意绘画作品，我们只要想想，纸寿千年，绢八百，传世的唐画究竟留下几张？就不难想象此枕的珍贵。枕侧施半釉，枕底露灰色胎。

长15.6　宽12　高7

唐代刻印莲花腰形脉枕

Kidney-shaped Wrist Cushion with Carved Lotuses
(Tang Dynasty)

唐代刻印莲花腰形脉枕。此枕的釉入土后已被侵蚀，虽然釉光不在，但刻印花的图案却依然清晰，枕面饰大朵莲花，花瓣舒展，反映了佛教文化已经深入老百姓的日常生活。枕壁的花卉被置于如意形的开光内，枕面及枕侧均戳印珍珠地装饰。珍珠地的装饰盛行于宋代，此枕的珍珠地戳印比宋代的珍珠地戳印要大，是否可以认为珍珠地装饰由唐到宋有一个转化和发展。

长13.4　宽8.6　高4.6

唐代巩县窑犀牛脉枕

Rhino-shaped Wrist Cushion of Gongxian Kiln (Tang Dynasty)

三只唐代巩县窑犀牛脉枕。其中二只犀牛呈匍匐状，造型生动，呈花式的独角和背上挺举着枕面，枕面上点缀出几缕随意的褐彩，突眼大鼻，虎虎生气。另一只枕面已残，为褐彩，几条划纹折线，立显健壮质感。在中国古代，犀牛曾有广泛的分布，因为犀牛角的珍贵导致大规模的围猎，使犀牛在中国大地上消失了。瓷做的犀牛枕，既是对已失生物的一种纪念，也是犀角的一种替代物，反映了中国古代的一种朴素的生态意识。

长10.7　宽5.5　高6.4

唐代巩县窑三彩脉枕

Tri-colored Wrist Cushion of Gongxian Kiln

(Tang Dynasty)

唐代巩县窑三彩脉枕。枕面黄白绿三色，显得富贵而高雅，其图案显然是参考了唐代丝绸上的纹样，更为难得的是，枕中心刻有一对鸳鸯，造型生动，四周还有梅枝斜出。枕壁施半釉，气孔置于底部。

长14.7　宽9　高6.7

唐代白釉剪纸花卉脉枕

White Glazed Wrist Cushion with Papercut-styled Flower Pattern (Tang Dynasty)

唐代白釉剪纸花卉脉枕。剪纸花卉的图案，多出于宋代福建的建窑，唐代的脉枕上。其工艺很可能是将叶片直接贴在瓷胎上，再施釉烧制，便出现了生动的印花图案，产生了一种类似剪纸的特殊效果，这种工艺南方的建窑、永和窑的匠人们经常采用。胎为灰白胎。

长14.5　宽10　高7.2

唐代河南巩县窑绞胎花枕

Pillow of Gongxian Kiln with Marble Pattern (Tang Dynasty)

唐代河南巩县窑绞胎花枕。绞胎工艺为唐代首创，它用颜色不同的泥料揉和，形成不同的肌理，呈现出不同的花纹图案，或是花朵、或是木纹、或是抽象图案，色彩纷呈，图案奇幻，极富美感。此方绞胎花枕的特殊之处在于，它所呈现的不是一般的花卉、木纹和几何图案，而是一种瘿子木纹。此枕的施釉比较厚，用强光打上去，就可看出釉下的木纹好似瘿子木，极为华丽。此枕的又一特殊之处，它不像一般的绞胎花枕底部不施釉，而是采用支烧工艺，全枕施釉，以求华丽富贵的效果，釉光晶莹。

长13.3　宽7.7　高6.5

唐代酱釉瑞兽雕塑枕

Beast-shaped Brown Glazed Pillow (Tang Dynasty)

唐代酱釉瑞兽雕塑枕。脉枕虽小，但内容丰富，背负枕面的瑞兽，刻画细致，兽头藏于枕面之下，难以分辨是狮是虎，鼻子似乎像狮，狮身蜷伏，更妙的是狮身两侧各有一龙头，兽身下侧一圈卷云纹，象征着双龙随侍在侧，腾云驾雾，这就不是龙腾虎跃，而是龙腾狮跃了。枕面的积釉形成自然花纹，厚厚的枕底形成枕托，气孔置于枕底。这种酱釉一般出自唐代的北方窑口。

长18　宽9　高12.5

唐代安徽寿州窑黑釉长方腰形脉枕

Peanut-shaped Black Glazed Wrist Cushion of Shouzhou Kiln (Tang Dynasty)

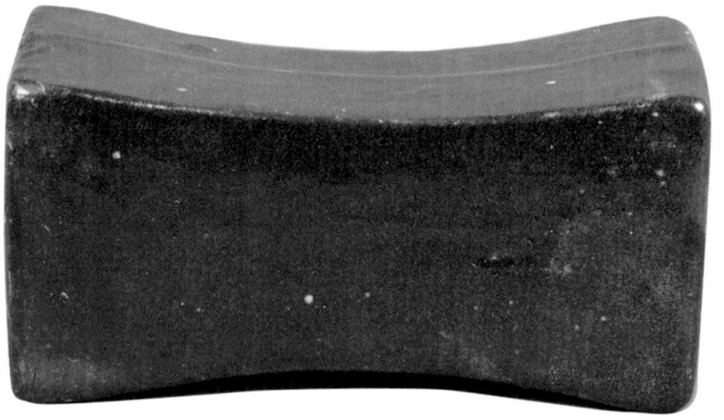

唐代安徽寿州窑黑釉长方腰形脉枕。此脉枕虽然是一只素枕，没有刻花划花等装饰工艺，也没有唐三彩的五彩斑斓，正所谓素面朝天，但此枕的釉光莹润，给人一种素雅、庄重和清新的感觉，这符合中国人，尤其是宋人的审美品位。宋代五大名窑有不少是以单色釉而著称，如汝窑、定窑、龙泉窑以及南宋官窑、秘色瓷等，都以单色釉釉质的美感而享誉天下。此枕为脉枕，可拿在手中细细把玩。

长15.9　宽7.7　高7

唐代酱釉卧兽脉枕

Crouching Beast-shaped Brown Glazed Wrist Cushion (Tang Dynasty)

唐代酱釉卧兽脉枕。面有缺失，但托住枕面的卧兽，四肢蜷伏，双目炯炯，耳朵似兔，卧姿像牛，造型生动，肌肉感强，富有力度。在中国雕塑史上，唐代的雕塑走出了中国早期雕塑艺术的古朴风格，体现了大唐盛世的大度、开放与精致。一个小小的瓷枕雕塑，虽不能与佛教艺术造就的敦煌、洛阳大型石窟艺术媲美，也不能与献陵、昭陵、乾陵墓前纪念仪卫式石雕，如石虎、石狮、石犀相比，但一片小小的绿叶也能让人体味枝叶繁茂的大树，这个小小的瓷塑，使我们可以从中一窥唐代雕塑艺术的灿烂与辉煌。此枕灰白胎，应为河北邢窑产品。

长14　宽8.5　高8

唐代巩县窑黄釉绞胎花枕

Yellow Glazed Pillow of Gongxian Kiln with Marble Pattern (Tang Dynasty)

唐代巩县窑黄釉绞胎花枕。枕施米黄色釉。枕面为十朵三组朵花纹，呈几何形排列，每朵花内又有六组被木纹环绕的不规则图案，如同过去的万花筒，显得富丽堂皇、美轮美奂，给人一种奇幻的感觉。枕侧装饰以仿木纹似的绞胎。枕底施釉，为支烧，显出身份的高贵。这类绞胎花枕，出自晚唐五代，是当时陶瓷装饰工艺的一大突破，给人以巧夺天工的感觉，应为大唐风尚的遗韵，此后千年，此项工艺已不复再现，当为绝唱。广东南越王博物馆、上海博物馆等收藏有类似枕。

长13　宽7.6　高7

唐代黄釉棋盘图案长方形枕

Cuboid Yellow Glazed Pillow with Chess-board Pattern (Tang Dynasty)

唐代黄釉棋盘图案长方形枕。枕施黄釉，釉色亮丽，枕侧为半釉，有流釉形成的泪痕，枕面有棋盘图案。围棋起源于中国，迄今已有四千多年的历史，而第二个大发展期是在唐代，由于帝王的喜爱和推广，唐代王室专门设立了棋院，第一次形成了棋院制度，有专门陪侍君王下棋的棋手。围棋成为促进国际文化交流的重要手段，日本现在流行的围棋运动，就是从中国传去的，甚至日本正仓院，还保存着当时唐代君王赠送给日本皇室的象牙围棋盘。这个棋盘小枕，说明了唐代民间对围棋运动的喜爱，有重要的史料价值。

长13.4　宽8.5　高7.6

唐

唐五代绞胎仿木纹如意形枕

Cloud-shaped Pillow with Wood Grain
(Tang & Five Dynasties)

唐五代绞胎仿木纹如意形枕。此枕施透明釉，釉极薄，使枕看上去好似素胎，胎色浅红，绞胎后形成的效果，使全枕遍布木纹，线条为天然形成，有流动感，好似树木的年轮，这种肌理效果，不是人工绘画所能做出的。枕侧有圆形气孔。

长20.5　宽13.5　高9

唐代巩县窑绞胎脉枕

Wrist Cushion of Gongxian Kiln with Marble Pattern (Tang Dynasty)

唐代巩县窑绞胎脉枕。这种长方形小枕流行于晚唐五代，把支好的绞胎胚泥切成薄片，贴在内胎上拼合成图案。一般绞胎团花占枕面厚度的三分之一，三分之二为素胎，很像木器的包镶做法，表面为贵重木料，里面为普通料。绞胎模仿漆器的犀毗工艺，形成的图案有很好的装饰性，类似波斯风格。此枕的枕面拼出的图案为一菱花形，菱花外形成的四角为流水纹，菱花内为对称、流动的花纹图案。上海博物馆收藏的类似枕，底部刻“杜家花枕”四字。国内已见的还有刻“裴家花枕”，可见曾有专门的作坊制作。

长16　宽11　高8

唐代寿州窑黄釉菊花纹点彩印花脉枕

Yellow Glazed Wrist Cushion of Shouzhou Kiln with Chrysanthemum Pattern (Tang Dynasty)

唐代寿州窑黄釉菊花纹点彩印花脉枕。釉面施化妆土，戳印出菊花图案，菊花排列成序，遍布枕面，表层施透明的玻璃质釉，釉面均匀润泽，有小开片，釉色黄中泛青，间有点彩，使整个枕面美丽华贵，花朵中心用点彩装饰，枕侧施玻璃黄釉，积釉处呈深褐色，从中可以一窥唐代瓷窑的装饰技艺。气孔在枕侧。

长13.5　宽10.2　高6

唐代寿州窑黄釉席纹枕

Yellow Glazed Pillow of Shouzhou Kiln with Bamboo Mat Pattern (Tang Dynasty)

唐代寿州窑黄釉席纹枕。此枕比脉枕稍大，席纹的纹路也更粗，好像用一条条篾片编织而成。枕通体施黄釉，枕面施釉的厚薄形成了色差效果。枕侧一抹浓重的深棕色积釉，产生了特殊的装饰效果，这兴许就是唐代匠人的后现代艺术吧。气孔置于枕侧，胎体坚硬，为灰白胎。

长17　宽12.7　高10

唐代寿州窑黄釉脉枕

Yellow Glazed Wrist Cushion of Shouzhou Kiln (Tang Dynasty)

唐代寿州窑黄釉脉枕。隋唐时的黄釉器，三彩的黄釉为低温陶，不属于瓷，此件脉枕。 为高温烧就，胎体坚硬，施釉不够均匀，有积釉痕迹，反而形成了釉色斑斓的美学效果。枕面因积釉形成两朵对称花卉。唐代黄釉以寿州窑最为有名，陆羽的《茶经》称“寿州瓷黄”。但实际烧造黄釉的窑口很多，除寿州窑外，长沙窑、曲阳窑、萧县窑、郏县窑、密县窑等均有烧制。比较来说，寿州窑和长沙窑烧制的脉枕为多。此枕枕底为灰胎，有残。背侧有气孔。

长15.8　宽10.5

唐代寿州窑黄釉席纹脉枕

Yellow Glazed Wrist Cushion of Shouzhou Kiln with Bamboo Mat Pattern (Tang Dynasty)

唐代寿州窑黄釉席纹脉枕。在唐代，黄釉瓷器烧造十分普遍，虽然比不上邢窑、定窑的白釉和越窑的青瓷那么有名，但却与老百姓的生活息息相关，烧造黄釉的窑址已知有安徽的寿州窑、萧县窑，河南的密县窑、陇西的铜川窑、山西的浑源窑和河北的曲阳窑等，可见遍布了大半个中国。黄釉的席纹装饰，为大多数窑口所采用，但这种装饰主要使用在瓷壶上，很少见到在瓷枕枕面使用席纹装饰的，这个枕就提供了一个实例。此枕席纹密实，很有装饰性。枕壁的黄釉积釉处有窑变，这种窑变是后来钧窑五彩斑斓釉色的前身。

长13.5　宽9.3　高5.5

唐代点彩脉枕

With Dot Pattern Wrist Cushion (Tang Dynasty)

唐代点彩脉枕。点彩工艺为唐代北方窑场所常用，有时一抹绿色，就使瓷器不再单调。在瓷枕的枕面上，通过点彩形成有规则的对称几何图案，很有装饰性。这个点彩小脉枕，很好地体现了唐代北方瓷窑的装饰技艺，枕侧施半釉，有积釉、流釉现象，枕下部绘出水波纹。

长13.4　宽9.2　高7.5

晚唐虎头枕（残枕）

Incomplete Tiger Head Shaped Pillow (Late Tang Five Dynasty)

晚唐虎头枕（残枕）。唐五代老虎枕与宋金时期老虎枕不同，它不是表现虎的整体造型，而是突出了最具代表性的局部，加以夸张和细致地描写，反映老虎造型最本质的东西，中国古代常说白额吊睛大虎，从这个虎头枕上，就可以看出圆睁的虎眼显露王气。这种被现代美术称之为象征主义的表现手法，中国古代的工匠们早已在熟练应用了。一叶而知秋，把虎头上最具王者之风的特征加以集中夸张和放大，就充分显示了山林之王的雄风。唐代雕塑所具有的豪放与磅礴，在这个小小的虎头枕上得以充分地表现出来。此枕虽残却不失珍贵。

长17　宽瓷片　高11

晚唐虎头枕

Tiger Head Shaped Pillow (Late Tang Dynasty)

晚唐虎头枕。陶瓷虎枕可以分为虎形枕和虎纹枕，虎形枕是一种象生枕，它是模仿老虎的形状制成的；就象生枕来说，又分为虎头枕和卧虎枕，虎头枕就目前所见，均出自唐代。晋人王嘉在《拾遗录》中就曾记载，有玉虎头枕“云是帝辛之枕，尝与妲己同枕之，是殷时遗宝也”。此说虽不足为凭，但虎为镇妖避邪之物，古已有之。虎头枕在汉代的墓葬中已有出土，山东双乳山汉墓，有双虎头玉枕出土；江苏徐州狮子山汉墓出土的虎形玉枕，玉枕的两端就是透雕的虎头。此枕为三彩，在模制的虎头上，负一绿釉枕面，与此类似的三彩虎头枕，在河南、安徽等地均有出土，以三彩居多，也有绿釉的。此三彩虎头枕，枕面施绿釉，正面的虎形雕塑，眼睛和眉毛点褐彩，虎头整体施褐黄釉，与老虎皮毛色泽相近，张口露齿，施白釉，不怒自威，尽显百兽之王的威猛气势。此枕有残，作了修复。在中国传统文化中，古代雕塑不像古代文人绘画那样受到重视，这类雕塑枕，应作为唐代雕塑的重要典范，像西方雕塑经典作品一样，堂堂正正地进入中国乃至世界的美术史。此枕应为河南巩县窑产品。

长25　宽20.5　高13

宋代『人老簪花不自羞，花应羞上老人头』八角诗词枕

Octagonal Poetry Pillow (Song Dynasty)

宋代“人老簪花不自羞，花应羞上老人头”八角诗词枕。此枕出自宋金时期磁州窑，呈八角形，画有双层边框，诗句出自宋代苏东坡《吉祥寺赏牡丹》。全诗为：“人老簪花不自羞，花应羞上老人头。醉归扶路人应笑，十里珠帘半上钩。”苏轼的诗词对后世影响甚大，宋金元的瓷枕上书有多篇苏东坡的诗词，此枕与苏东坡在世时期相去不远，可见苏轼诗词影响之大。此枕的书法可圈可点，近黄庭坚书体，可与黄庭坚代表性的书法作品，如《花气诗帖》、《苏轼寒食诗跋》比较。

长27.5　宽21.5　高11

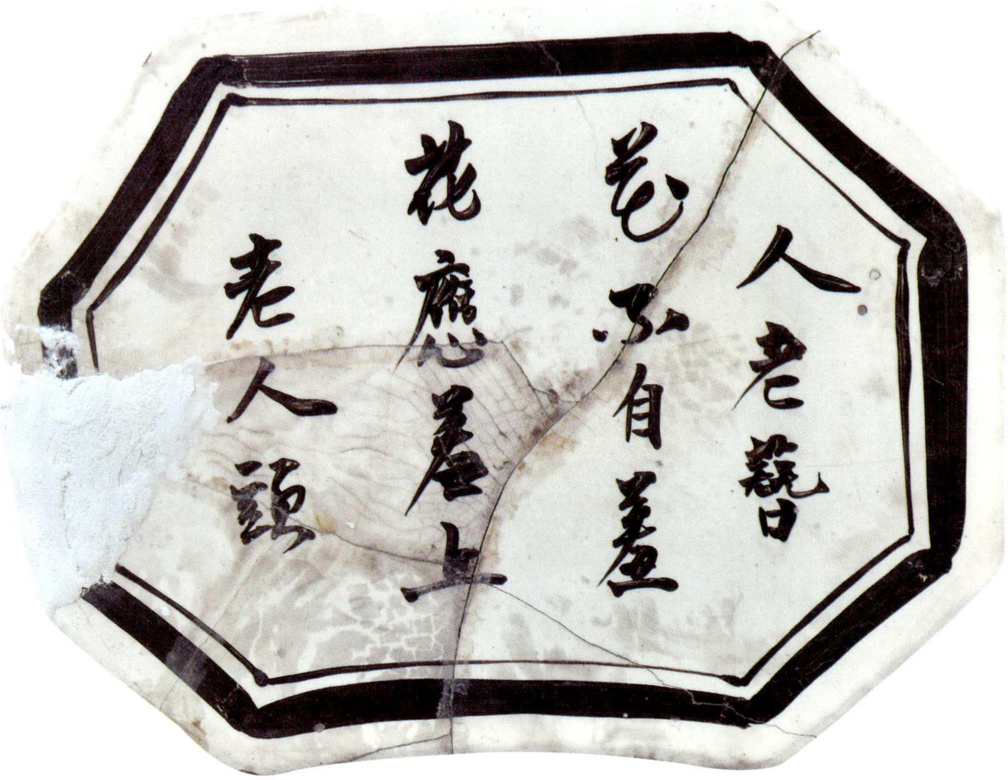
人老簪
花不自羞
花應羞上
老人頭

宋代『细草烟深暮雨收，牧童归去倒骑牛』腰形诗词枕

Kidney-shaped Poetry Pillow (Song Dynasty)

宋代“细草烟深暮雨收，牧童归去倒骑牛”腰形诗词枕。此枕出自磁州窑系彭城窑，诗文尚未查到出处，但书法流畅、娴熟，内容高雅，意境幽远，好似一幅淡淡的水墨画浮现眼前，不大像是民间艺人所作。磁州窑文化丛书中的《磁州窑诗词》一书中收有类似枕。

长25.3　宽15.3　高9.3

细草烟
深暮雨收
牧童归去

宋代黄绿釉刻花鹦鹉枕

Yellow & Green Glazed Pillow with Carved Flowers & Parrot (Song Dynasty)

宋代黄绿釉刻花鹦鹉枕。枕面画出鹦鹉立于枝头，四侧模印黄釉缠枝牡丹，缠枝图案有波斯风格痕迹，线条流畅，造型生动，应为磁州窑。

长35　宽18　高18.3

宋代白地双框剔牡丹八角竹节菱边枕

Octagonal Pillow with Carved Peonies & Bamboos
(Song Dynasty)

宋代白地双框剔牡丹八角竹节菱边枕。框内开光白地剔四朵缠枝牡丹花，枝叶繁茂，整体纹饰布局丰富，线条简练、奔放、洒脱、活泼、流畅，露素胎灰地，极具装饰性。侧面八角刻竹节纹及菱形图案。充分展示中国宋代瓷器剔刻技艺的艺术魅力。类似瓷枕在天津市博物馆、日本兵库白鹤美术馆有收藏。

长28.2　宽19　高10.7

宋代『野旷天低树，江清月近人』诗词枕

Poetry Pillow (Song Dynasty)

宋代“野旷天低树，江清月近人”诗词枕。金代磁州窑，枕面诗句出自唐代孟浩然的《宿建德江》，全诗为“移舟泊烟渚，日暮客愁新。野旷天低树，江清月近人”。旷野空阔，远处的大树好像比天还高，江水清澈，水中的月影分明，映照着月光，与人更加亲近。唐诗中的佳词丽句是宋元瓷枕喜爱的主题，此枕的书法流畅大气，非一般匠人所能，不仅诗词名句留枕，而且呈现了一幅绝妙的书法作品。枕着这样的瓷枕入眠，想必心旷神怡。

长28.2　宽20.5　高11.5

野曠
天低樹
江清月
近人

宋代磁州窑『野水无人渡，孤舟尽日〇』诗词枕

Poetry Pillow of Cizhou Kiln (Song Dynasty)

宋代磁州窑“野水无人渡，孤舟尽日〇”诗词枕。瓷枕上的这两句诗，很为宋元时期人们所钟爱，梅瓶、磁盘也常见此联，我还收藏有另一元代山西平阳窑瓷枕，枕上也书有此句。此句最初出自唐代韦应物《滁州西涧》的“野渡无人舟自横”句，宋代寇准《春日登楼怀归》中，将此句加以改造、演化，全诗为“高楼聊引望，杳杳一川平。野水无人渡，孤舟尽日〇。荒村生断霭，古寺语流莺。旧业遥清渭，深思忽自惊”。“野渡无人舟自〇”句演化为“野水无人渡，孤舟尽日〇”一联。意境更为丰厚、幽远。寇准为宋人，而此联在当时就广为流传，那不是个信息时代，该诗流传之广之快，说明深受大众欢迎，从某种意义上来讲，瓷枕也成了大众传媒工具。

长23　宽18　高9.6

野水
無人渡
孤舟盡
日

宋三彩剔花填白花卉腰形枕

Kidney-shaped Tri-color Glazed Pillow with Carved Flower (Song Dynasty)

宋三彩剔花填白花卉腰形枕。此枕应为磁州窑系的河南修武当阳峪窑，枕面用篦画线框，黄色的大朵牡丹不仅有绿叶映衬，更有填白画线的背景做底，色彩对比强烈，主题纹饰突出，很具装饰性。广东南越王博物馆有类似收藏。

长33　宽23.5　高10

宋代山西窑剔荷花酱黄釉枕

Yellow Glazed Pillow of Shanxi Kiln with Carved Lotuses (Song Dynasty)

宋代山西窑剔荷花酱黄釉枕。一朵盛开的荷花占据了主画面，正面凌空开放，优美的枝蔓曲线把画面分割，右下方一片硕大的荷叶辗转反侧，与荷花呼应，深红色的底使黄色的荷花轮廓清晰、主题突出，构图极富现代气息，是一幅难得的绘画小品。侧面模印出菱形卷花图案。此瓷枕应为山西晋南窑的作品。

长36.2　宽16　高9

宋三彩牡丹腰形枕

Kidney-shaped Tri-color Glazed Pillow with Peony Pattern (Song Dynasty)

宋三彩牡丹腰形枕。枕状呈腰形，用篾画出双线框，大朵牡丹置于枕面的中心位置，主题纹饰突出，牡丹虽好，还需绿叶扶持，绿叶的绿，反衬了牡丹的黄。绿叶线条流畅，使整个枕面布局丰满，色彩鲜艳，一派生机盎然的景象，俨然一幅宋代花卉画小品。此枕应为河南郏县黄道窑。广东南越王博物馆有类似枕收藏。

长33　宽20　高10

宋代珍珠地划花元宝形枕

Shoe-shaped Pillow with Pearl Background & Carved Flowers (Song Dynasty)

宋代珍珠地划花元宝形枕。此枕以珍珠地做底，勾勒出极富动感的叶状形象，很有点抽象绘画的味道，把它放大出来，就是一幅极具装饰味道的写意抽象画。枕面呈弧形，有残，已做石膏修补，为北宋磁州窑产品。

长21.5　宽14.5　高10

北宋磁州窑如意形牡丹剔花枕

Cloud-shaped Pillow of Cizhou Kiln with Carved Peonies (Northern Song Dynasty)

北宋磁州窑如意形牡丹剔花枕。在所有瓷枕的枕形中，如意形台座枕是最富艺术性的，剔花牡丹也很有特色，它不像有的瓷枕为了突出牡丹把枝叶简化，或放到一侧，而是把牡丹置于繁茂的枝叶之中，虽然牡丹需要在枝叶中细细辨识，但却给人以整体繁茂、欣欣向荣的感觉。框内又设双层如意形装饰，但并不给人繁复的感觉，以胎的本色做底，色彩过渡自然柔和，给人以整体美感。广东南越王博物馆有此类枕收藏。

长31　宽31　高19

宋代磁州窑剔花牡丹八角枕

Octagonal Pillow of Cizhou Kiln with Carved Peonies (Song Dynasty)

宋代磁州窑剔花牡丹八角枕。枕面用双线勾出八角画框，两朵缠枝牡丹左右对称，茂盛的枝叶以流畅、奔放的线条使整个画面丰满而不繁缛，华美而不喧宾夺主，牡丹虽好，还需绿叶扶持，缠枝叶片反衬了牡丹的高贵和姣美。素底露胎，色差使主题纹饰更加突出。瓷器上的剔花、刻花、划花技艺在中国宋代得到了高度的发展，此枕的剔花牡丹也是一个典范。

长27.6　宽20.3　高10.5

宋三彩瓜瓞绵绵腰圆枕

Kidney-shaped Tri-color Glazed Pillow with Melon Pattern (Song Dynasty)

宋三彩瓜瓞绵绵腰圆枕。此图案为瓜瓞绵绵，《诗经·大雅·绵》：“绵绵瓜瓞，民之初生，自土沮漆”，这是用来祝愿子孙昌盛的吉祥词语，以此作枕，也暗喻着人丁兴旺。此枕外圈施绿釉，划出装饰纹样，用篦划出五圈弦纹，瓜叶纹以白釉做底，色彩鲜艳，刀法简洁洗练，应为宋三彩中精品。

长33　宽20　高11.5

宋代黑釉剔花牡丹如意形枕

Cloud-shaped Pillow with Black Peonies (Song Dynasty)

宋代黑釉剔花牡丹如意形枕。此类如意形枕多出于宋代，造型大方，符合人的生理结构，呈元宝状也有吉祥意味。黑釉剔花是宋代瓷器的重要装饰工艺，一般都用在贵重的梅瓶上，海外博物馆多把此类梅瓶收藏作为镇馆之宝，此工艺用于瓷枕更属少见。此枕在工艺制作上首先遍施白色化妆土，又施黑色颜料，再剔出牡丹图案，最后罩以透明釉，使黑白分明，对比强烈。两朵盛开的牡丹上下排列，大朵呈下，小朵居上，主次分明，错落有致，与枕形相适应。四周叶片簇拥，一片热烈繁茂的景象。宋人依据牡丹雍容华贵的容姿，被称为“富贵花”，是美好幸福的象征。枕托边框及枕底部均施黑釉，制作精细，当为磁州窑巅峰时期的精绝之作，十分少见。广东南越王博物馆有类似收藏。

长33.5　宽32.5　高15

宋代磁州窑白釉腰形印花枕

Peanut-shaped White Glazed Pillow of Cizhou Kiln with Flower Pattern (Song Dynasty)

宋代磁州窑白釉腰形印花枕。枕面上下为印花，模印锦地花纹，枕侧面划出瑞兽图案，左右两侧装饰以雕塑饕餮纹铺首，此枕巧妙地把气孔作为兽面的鼻孔，显然有驱魔辟邪的作用。此类腰形枕年代较早，一般为北宋时物。

长8　宽9　高10

宋代扒村窑绿釉剔花腰形牡丹枕

Kidney-shaped Green Glazed Pillow of Bacun Kiln with Carved Flowers (Song Dynasty)

宋代扒村窑绿釉剔花腰形牡丹枕。此枕枕面虽已破损，并有缺失，但仍然可宝可珍，这不仅因为两朵并蒂牡丹剔刻的十分流畅、生动，花枝叶蔓间填黑的工艺，更像把牡丹置于黑色天鹅绒上，使娇嫩欲滴的牡丹更显高贵。绿叶象征春天，枝叶茂盛，外框大片留绿，给人一种充满生命活力、春天的感觉。

长31　宽22　高11

宋代定窑白釉孩儿枕

Kid-shaped White Glazed Pillow of Ding Kiln (Song Dynasty)

此类孩儿枕为定窑产品，故宫博物院有此收藏，并被定为国家一级文物。冯先铭主编的《中国古陶瓷图典》也将此孩儿枕定为宋代定窑人形枕的代表。我收藏的孩儿枕与故宫博物院藏品类似，通体施白釉，体态健硕，双眼有神，造型生动，比例适宜，反映了宋代人物雕塑的水平，唯足有残。

长28　宽10　高13.5

宋代扒村窑红叶秋禽雕塑虎形枕

Tiger-shaped Pillow of Bacun Kiln with Autumn Scenery Pattern (Song Dynasty)

宋代扒村窑红叶秋禽雕塑虎形枕。禹州扒村窑属磁州窑系，宋金时期这种卧虎枕是很多窑场都喜爱的题材，有时很难断定这类枕的年代和窑场。此卧虎枕，施酱黄釉，眉、眼、齿留白，眼眶上方留两块白，似乎在显示这是一只吊睛大虎，而老虎背负的白色枕面上，为红叶秋禽图，在萧瑟的秋风中，一只孤零零的鸟儿立于枝头，似乎已感到阵阵寒意，凋零的叶面点上了红彩，虽是红于二月花，但已好景不长在，这与老虎的英气和威猛构成了强烈的对比，这种审美差异上的强化，给人以强烈的视觉刺激，过眼难忘。此枕有残。

长34　宽17　高10

宋代定窑黄釉牡丹海棠形枕

Cherry-apple Flower Shaped Yellow Glazed Pillow of Ding Kiln with Peony Pattern (Song Dynasty)

宋代定窑黄釉牡丹海棠形枕。牡丹花瓣硕大，被花叶簇拥，施以黄釉，显出国花的雍容大气，通体施黄釉的海棠枕相对少见，枕壁有一排三个气孔，枕面用篦划出水波纹，有一块深褐色积釉，釉面有小碎开片，有玻璃质感，并泛出蛤蜊光。

长27.8　宽22　高14.6

宋代三彩牡丹如意形枕

Cloud-shaped Tri-color Glazed Pillow with Peony Pattern (Song Dynasty)

宋代三彩牡丹如意形枕。大片牡丹占据了整个枕面，花瓣叶片富有流动感，使画面流畅活泼。武则天把牡丹定为国花，唐宋元从皇家到民间，都对牡丹宠爱有加。瓷枕尤爱以其为主题，取其富贵、喜庆之意。此枕施以三彩，红黄绿相间，色彩丰富，使枕面斑斓艳丽，很有点现代油画的味道，反映了当时的工匠艺人们很高的审美品位和鉴赏水平。

长26.3　宽24　高13

宋代磁州窑黑釉铁锈花腰圆形枕

Kidney-shaped Black Glazed Pillow of Cizhou Kiln with Flower Pattern (Song Dynasty)

宋代磁州窑黑釉铁锈花腰圆形枕。通体施黑釉，枕面用铁锈花作为装饰，此铁锈花不甚鲜艳，若隐若现，不像有的大红大紫，一览无余，反倒给人以沉静、需要细细回味的感觉，这也是宋人此时若无胜有时的审美品位。这类黑釉枕，诸多博物馆均有收藏。

长30　宽23　高14.5

宋代茶叶末釉腰圆形枕

Kidney-shaped Tea-dust Glazed Pillow (Song Dynasty)

宋代茶叶末釉腰圆形枕。茶叶末釉是以铁为着色剂在高温还原焰中烧成的釉，唐宋时期茶叶末釉语调偏黑，到清代康乾时期，重新创烧的茶叶末釉偏黄。唐代的耀州窑和山西浑源窑首先创烧了茶叶末釉，到了宋代，磁州窑系炼制茶叶末釉，就相对成熟了。宋代茶叶末釉腰圆枕虽为单色釉，素面朝天，未加其他装饰，但在暗绿色的底釉中，隐现着许多美丽自然的黄色细末，星星点点，犹如将茶叶研成细末调在釉里，清丽可人，其深沉、内敛、晶莹的釉色，产生了特殊的美学效果。此枕的釉偏黑，肥厚，为失透状，釉及全枕。底有三个大的支烧点，枕外侧有一7.5厘米直径的开窗，代替气孔。胎为沙质灰胎，虽胎土淘洗不甚精细，但胎体烧结温度高，敲起会叮噹作响。此枕应为宋茶叶末釉的佳作。

长29.5　宽22.7　高14

宋代磁州窑白釉『野花和雨折，怪石入云寻』诗词枕

White Glazed Poetry Pillow of Cizhou Kiln (Song Dynasty)

宋代磁州窑白釉“野花和雨折，怪石入云寻”诗词枕。这里收录的是唐代花间派诗人韦庄的两句诗，韦庄系韦应物的四世孙，著有《浣花集》，韦庄与温庭筠齐名。原诗为：“野花和雨斸，怪石入云寻”，匠人把“和雨斸”的“斸”，这个难写难认难解的字，改成一个通俗易懂的“折”，这不是匠人没有文化，孰高孰低，且不去论，但这两句诗的清新明快，却是不言而喻的。韦庄早年所作的律诗，以描写花前月下和自然风光的居多，所以被称为“花间派”的代表，然而黄巢起义后社会动荡，却使韦庄的创作风格发生了一个巨变，他的《秦妇吟》，堪称史诗，尤其“内库烧为锦绣灰，天街踏尽公卿骨”，不愧千古名句。《秦妇吟》并未收入韦庄的《浣花集》，以至宋元明清，人们只知其名，而不见其诗，直至近代，《秦妇吟》的写本，才出自敦煌石窟。所以，我们也要感谢磁州窑的工匠们，用瓷枕这一载体，使很多文学作品得以流传，有了这个瓷枕，我们不仅会记住韦庄的“未老莫还乡，还乡需断肠”这样的经典绝句，也会记住“野花和雨折，怪石入云寻”。这个诗词是用竹笔在泥胎上划出，作为硬笔书法来欣赏，也是可圈可点的。

长26　宽25　高10.7

宋三彩印双鹿纹如意形人兽座枕

Lion & Tamer Based Tri-color Glazed Pillow with Deer Pattern (Song Dynasty)

宋三彩印双鹿纹如意形人兽座枕。如意形枕面施绿釉，内置一如意形画框，主题纹饰为双鹿，分置于菩提树两侧，用黄釉作出珍珠地底纹，天空六朵白云缭绕，地上鲜花盛开，花瓣施红釉，小鹿身上用红釉点出鹿纹，大大的鹿角，用褐红釉装饰。整个枕面，华丽而不喧嚣，给人一派山林间安宁祥和的感觉。瓷枕中把鹿作为主题纹饰，显然与佛教的佛本生故事有关，“九色鹿舍己救人”的故事，在敦煌石窟中多次出现。石窟壁画中的鹿，造型挺拔、俊秀。而此瓷枕中的双鹿构图，造型生动，头上双角呈花式，一蹄轻抬，顾盼自怜。积釉的晶莹感，釉面的细碎开片，以及三彩入土后泛出的蛤蜊光，形成了非人力所能为的天然美学效果。枕座为胡人驯狮图，胡人和狮，侧卧枕两头，胡人一手持绳索，一手持金刚杵，取驯狮之意。狮子鬃毛及尾巴均施黄釉，双眼圆睁，点黑釉，炯炯有神。枕底有流釉，胎为白陶胎。此枕为雕塑枕中的上乘之作。广东南越王博物馆有类似枕。

长30　宽18　高13

宋代定窑黑釉双狮座枕

Lion Based Black Glazed Pillow of Ding Kiln (Song Dynasty)

宋代定窑黑釉双狮座枕。枕面呈弯月形，黑釉灰胎，枕座内侧塑双狮，两狮中置一奔跑的幼狮，口衔一绣球。双狮威严，幼狮顽皮可爱。唐宋时期，狮子为兽中之王，正如唐代虞世南在《狮子赋》所言，“瞋目电曜，发声雷响，拉虎吞貔，裂犀分象”。瓷枕中常有狮的形象出现，民间传说中，甚至把狮与龙相提并论，《唐国史补》载：“开元末，‘西国’献狮，途中系于井侧树干，‘狮子哮吼，若不自安。俄顷风雷大至，果有龙出井而去’。” 瓷枕将狮子作为常用的题材，正是社会心理的反映。广东南越王博物馆有此类收藏。

长29　宽15　高11

宋代郏县黄道窑珍珠地剔花枕

Pillow of Huangdao Kiln with Pearl Background & Carved Flowers (Song Dynasty)

宋代郏县黄道窑珍珠地剔花枕。枕体厚重，双层菱形开光，双层开光中，间以云纹，框内置一缠枝牡丹，左右角为牡丹叶蔓，上方两侧画出云纹，全枕饰以精致的珍珠地纹，并填以红褐彩，使枕面装饰华丽，富有层次感。枕侧流利地划出两朵大叶牡丹。虽枕面有残，用石膏修补，仍可珍可宝。北京故宫博物院、广东南越王博物馆、上海博物馆、美国波士顿美术馆、日本大阪市立美术馆、日本出光美术馆等有此类收藏。

长27.5　宽16.2　高10.5

宋代喜鹊登枝如意形台座枕

Cloud-shaped Pillow with Magpie Pattern (Song Dynasty)

宋代喜鹊登枝如意形台座枕。在中国传统文化中，喜鹊是喜庆之鸟，据说确能报喜，南朝梁萧记《泳鹊诗》有句："今朝听声音，家信必应归"。唐代诗人皮日休在《喜鹊》诗里，更有"双鹊来摇尾"，"喜语晴光里"。在中国的民间神话传说中，还有天上的织女靠成群的喜鹊，搭作鹊桥，帮助织女渡银河，与牛郎七夕相会的美好故事。喜鹊成为宋元瓷枕上经常出现的形象，也就不足为奇了。此枕上的喜鹊被置于枕面的中心位置，立于疏枝上，树叶皆已凋零，使位于画面中心的喜鹊形象更显突出，喜鹊高度写实，描绘精细，羽毛毕现，活灵活现，是一幅高度写实的佳作。类似的枕有一只现存于日本出光美术馆，被很多世界性的艺术史著作著录，殊为难得。此枕略有破损，枕面和底有黏接，为窑址出土。

长28.5　宽28　高14

宋代定窑瑞鹤菱花方格纹枕

Pillow of Ding Kiln with Crane & Water Chestnut Pattern (Song Dynasty)

宋代定窑瑞鹤菱花方格纹枕。此枕图案为目前国内外博物馆收藏所仅见，虽仅存枕面，仍可宝可珍，故将枕身用石膏修复。枕面巧妙地利用化妆土的颜色，使其华丽鲜亮，工匠刀功细腻、熟练，剔出百朵四瓣菱花。在佛教文化中，菱为水生，叶浮于水面张开，象征明静如水，菱形图案就取材于菱花。枕面中置八瓣菱形开光，一仙鹤口噙环形缠枝菊花，振翅高飞。仙鹤被视为瑞鸟，《诗经·小雅·鹤鸣》有句：“鹤鸣九皋，声闻于野”，宋徽宗曾作《瑞鹤图》，十八只仙鹤飞鸣于宫殿上空，久久盘旋，虽被认为是国运兴盛之祥兆，但赵佶仍未摆脱作亡国之君的命运。不知此枕与宋徽宗作《瑞鹤图》是否有联系，但可以肯定的一点是，《瑞鹤图》和“瑞鹤枕”都为我们留下了难得的艺术珍品。

长30.5　宽20.5　高16

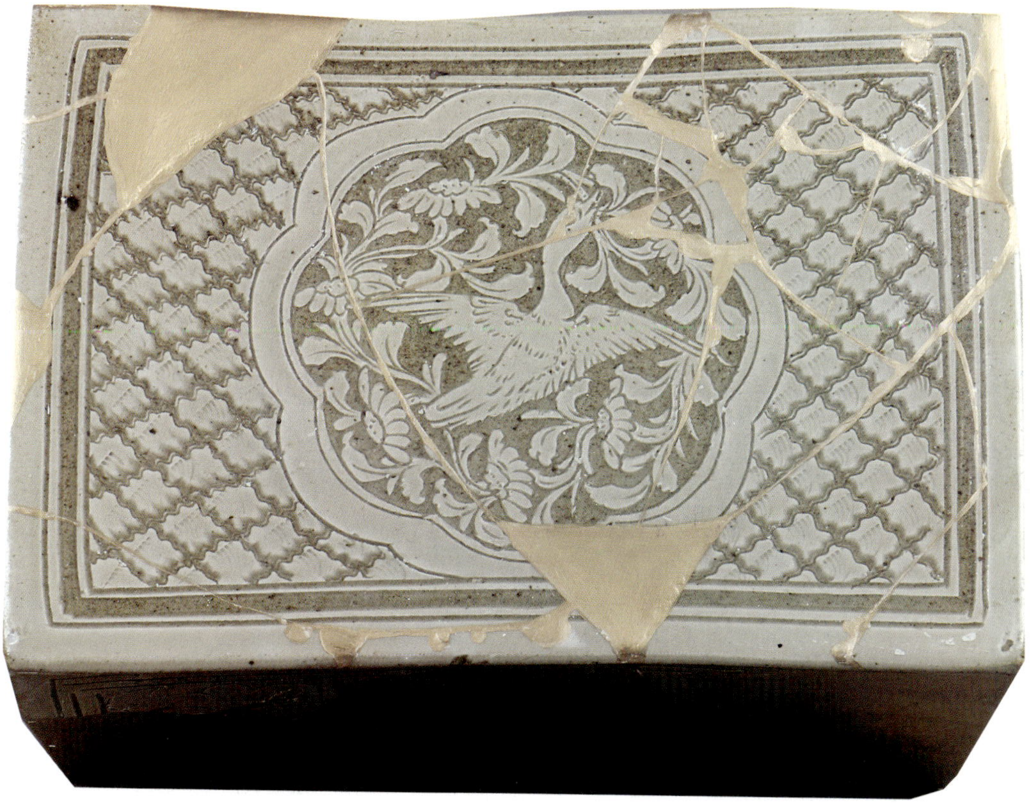

宋代磁州窑剔花开光两童子嬉戏八角形枕

Octagonal Pillow of Cizhou Kiln with Carved Flowers & Boys (Song Dynasty)

宋代磁州窑剔花开光两童子嬉戏八角形枕。此枕充分利用了磁州窑系的剔刻装饰技艺，在八角枕内，设置了多层纹饰。第一层八角形内框，露胎，用色差构成内框，第二层剔出勾云纹，第三层则为缠枝花卉，第四层画出海棠式内框，又是一圈勾云纹，框内两童子，围一芭蕉树嬉戏，左侧的童子，手提一鸟笼，往前奔跑，右侧一男孩，似在奋力追赶。孩童头上系一花结，身着的短衫、长裤均有花式，可以从中一窥宋代孩童的传统服饰。八角枕侧用竹节框出八个画框，分别剔刻缠枝牡丹、缠枝菊花和置于三角框内的梅花。一个枕就充分展示了磁州窑的剔刻技艺，虽显得有些繁缛，但也不能不承认工匠的用心和精致。此枕为仅见。

长30.5　宽23　高11.5

宋代磁州窑黑剔花缠枝牡丹八角形枕

Octagonal Pillow of Cizhou Kiln with Black Peony Pattern (Song Dynasty)

宋代磁州窑黑剔花缠枝牡丹八角形枕。枕面用黑釉剔出八角形边框，内外框之间剔出一圈水波纹，内框为如意形，框内剔五朵缠枝牡丹，缠枝牡丹布局巧妙，一朵牡丹置于中心，其余四朵对称置于四侧，牡丹枝叶繁茂，刻划细致流畅，枝蔓舒展，上下勾连，花瓣间有划花，显出层次，富有流动感和韵律感，整体洒脱、活泼，很有装饰性，充分体现了中国瓷器剔刻技艺之美。一般而言，瓷瓶上的剔刻装饰，黑剔花较为多见，而瓷枕上多为白剔花，黑剔花极为少见，应为典范之作。胎为灰白色。日本兵库白鹤美术馆有类似枕收藏。

长28　宽19.2　高11.7

宋代吉州窑花卉枕

Pillow of Jizhou Kiln with Flower Pattern (Song Dynasty)

宋代吉州窑花卉枕。吉州窑始烧于五代，兴盛于宋，瓷器品种丰富，就瓷枕而言，一种是用褐彩绘出图案的长方形，另一种则是绿釉、带有一定弧线的四方枕，并有划花图案。此枕釉色绿中泛黄、亮丽，划花线条流利、奔放，很有点抽象绘画的味道。瓷枕枕于头下，摆脱夏日的炎热，瓷枕多用绿色，也有追求凉爽之意。吉州窑原以烧制黑釉器见长，后来却也钟情于烧制绿釉瓷器，使南方的绿釉终于大放异彩，与北方的窑场相映成趣，正所谓“谁作桓伊三弄，惊破绿窗幽梦”。南宋人枕着这样的绿釉瓷枕，想必不仅仅是图个阴凉，还壮怀激烈，做着收复大好河山的豪情梦。脱釉本来是个缺憾，却也歪打正着，产生了另一种美学效果。

长24　宽16　高8

宋代卧狮枕

Crouching Lion-shaped Pillow (Song Dynasty)

宋代卧狮枕。这个卧狮枕在沟壑处还可见三彩的痕迹，可以想象在脱釉之前，此枕的釉色是何等的华美灿烂。三彩器胎釉结合不紧，容易出现脱釉的现象，特别是在保存状况不好的情况下，更易脱釉，但此枕大面积露出素胎，却产生出了一种特殊效果。胎体洁白，使此枕更像是石质的雕塑，唯有双眼黑釉未脱，更有画龙点睛之妙。积弱积贫的宋代，其雕塑与体现盛唐气象的大唐雕塑比，自然是少了许多的昂扬霸气。我们可以想像，唐代陵墓前，庞大的雕塑群，“顺陵走狮”勇猛威武的外张力，是那样的撼人心魄。但宋代的雕塑，确也不是一无可取，气势虽减，精致有甚，雕塑走向了世俗化的社会生活，使狮子这样的纪念性陵墓雕塑主题，成为与人们朝夕相伴的卧具。此枕刻画精细，口微张，露齿，威严中不失可爱，身上的一袭披毯，平添了几多温顺之气，真可谓形神兼备。

长29　宽13　高13

宋代吉州窑绿釉花卉枕

Green Glazed Pillow of Jizhou Kiln with Flower Pattern (Song Dynasty)

宋代吉州窑绿釉花卉枕。枕呈长方形带弧线，使其外形不致死板。吉州窑以烧制黑釉器物为主，间或也烧有绿釉产品，绿釉器物在唐以前，主要是用作明器，宋以后进入日常社会生活。此枕施绿釉，用的是冷色调，给人以冰凉之感，枕面绘折枝花卉，匠人以刀作笔，刻划技艺熟练流畅，寥寥数笔，勾勒出洗练的菊花线条，虽是草草，未必了了。枕划出双框，枕面有脱釉。

长28.7　宽16.9　高8.8

宋代登封窑珍珠地牡丹花卉枕

Pillow of Dengfeng kiln with Pearl Background & Peony Pattern (Song Dynasty)

宋代登封窑珍珠地牡丹花卉枕。珍珠地纹饰在中国器物上出现，始于唐代的金银器，应是由西亚丝绸之路传入，到了宋元时期，这种在金银器上錾刻的技艺，则被广泛借鉴到陶瓷的装饰上来。北方一些窑场，普遍应用了这种技法，最先创始的则是密县的西关窑，而对它做了改进和发展，并成为其代表性作品的，则属登封曲河窑。珍珠地划花、剔花瓷器，在宋代就属高档瓷器。河南禹县白沙宋墓反映地主、豪强生活场景的壁画中，就有此类瓷器出现。世界各大博物馆，珍珠地装饰的宋代瓷器，已成为世界各大拍卖会上的宠儿，有不少拍品价格都达到了百万。《中国文物定级图典》一级品中，就收录有故宫藏珍珠地刻虎纹橄榄式瓶。珍珠地技艺在枕、瓶、罐、炉上多有出现，其中应用最广泛的应该还是瓷枕。这个瓷枕的划花牡丹图案，盛开的牡丹，用篦纹划出花蕊，长长的缠枝花叶紧紧围绕牡丹，线条流畅，富有动感，由珍珠地为牡丹作衬，更增添了牡丹的王者风范和富贵气。

长15.5　宽13　高7.5

宋代定窑褐彩剔花花卉枕

Brown Glazed Pillow of Ding Kiln with Carved Flowers (Song Dynasty)

宋代定窑褐彩剔花花卉枕。瓷器上施化妆土来加以美化，掩盖胎面上的细小孔洞和疵点，是从西晋开始的。而趁化妆土未干，刻划出纹饰，用小铲铲去纹饰外的化妆土，露出胎底，罩以透明釉和乳状釉，入窑烧制成纹饰醒目、深浅不同色泽的瓷器，这就称为剔花。这个工艺大量出现在五代晚期至北宋早期的磁州窑，并进而到整个北方窑系。这个枕胎体轻薄，胎土淘洗较细，应为定窑产品。其剔花是采用浅剔花的工艺，枕面施浅褐釉，中间设一菱形开光，剔出大朵牡丹图案，叶蔓舒展，极具装饰效果。美国大都会博物馆所藏一金代白釉褐彩梅瓶，与此枕工艺大体相近。枕四侧分别模印联珠钱纹和花卉纹，这种纹饰经常出现在宋代铜镜的图案上。

长23　宽19　高12

宋代磁州窑『张家造』蝶恋花如意形枕

Cloud-shaped Pillow of Cizhou Kiln with Butterfly & Flower Pattern & Maker's Seal (Song Dynasty)

宋代磁州窑“张家造”蝶恋花如意形枕。底有“张家造”戳印。枕呈如意形。用墨彩绘出流云形外框，再用墨彩勾出双层如意形内框，框内的菊花呈并蒂状，花开两枝，大朵菊花四周簇拥三朵小花和五片花叶，显得花叶繁茂，旁生一枝，亭亭玉立，清雅脱俗。一只蝴蝶翩翩而至，暗喻招蜂引蝶。花鸟画作为一个独立画种，始于唐代，成熟于宋代，宋代的团扇扇面，留下了很多精美的花鸟小品，宋代的花鸟画继承和发展了唐代花鸟画的传统，在中国美术史上，也堪称经典。瓷枕上这帧小品，置于其中，也毫无愧色。磁州窑最大的艺术特色，就是突出了白与黑的艺术。黑白两色似简单，少了些唐代花鸟的艳丽、豪华，也少了些唐代的宗教性，但它却以少少胜多多，向世俗化、民族化方向发展，使其清新自然、淡雅柔和，更加写实和贴近生活。

长30.5　宽23.5　高13.5

宋代点彩双狮腰形枕

Kidney-shaped Pillow with Dot Pattern & Lion Base (Song Dynasty)

宋代点彩双狮腰形枕。狮子从西域传入中国，开始主要是经驯狮人昆仑奴调教，供皇家宫苑帝王娱乐，随着唐代佛教在中国的盛行，狮子更被看做是护法，随侍在菩萨之侧，此类双狮枕有驱魔辟邪的作用。雕塑的狮头威严中不失可爱。枕呈腰形，为白釉点黄彩工艺，此种装饰，至宋已不多见，应有晚唐遗韵。此枕从雕塑史和瓷器发展史上来看，都有学术研究的价值。烧结温度不高，有脱釉现象。

长19.5　宽12　高8.5

宋代磁州窑白釉莲塘鸭戏腰形枕

Kidney-shaped White Glazed Pillow of Cizhou Kiln with Lotus & Duck Pattern (Song Dynasty)

宋代磁州窑白釉莲塘鸭戏腰形枕。鸭戏莲塘是宋人绘画喜欢表现的题材，如展开枕面和枕侧，就是一幅完整的鸭戏莲塘的通景画，画面划花流畅，气韵生动，很有生活气息，鸭子的眼睛点以黑釉，此枕当以宋画小品视之，也有专家对此枕质疑，但多数专家持肯定态度，故收入。

长27.5　宽23　高15.5

宋代珍珠地婴戏如意形枕

Cloud-shaped Pillow with Pearl Background & Boy Pattern (Song Dynasty)

宋代珍珠地婴戏如意形枕。如意形画框内，以珍珠地做底，珍珠地是宋代瓷窑常用的一种工艺，是用铁质小管在未干的瓷胎上，戳出珍珠状的纹样，很具装饰性。此枕珍珠地上端是两朵云纹，下侧饰以花卉，画面中间四位童子，或坐或卧，相互嬉戏，其中两童子相互对弈，隐约可见的棋盘旁，有一蟋蟀罐，可以从中一窥宋人的日常生活和娱乐。婴戏是宋人绘画中常用的题材，宋代大画家苏汉臣就以画婴戏而成名，此枕当以宋画小品视之。此枕底部有“张家造”款，可知应为磁州窑产品。

长29　宽23　高9

宋代河南登封窑珍珠地缠枝牡丹腰形枕

Kidney-shaped Pillow of Dengfeng Kiln with Pearl Background & Peony Pattern (Song Dynasty)

宋代河南登封窑珍珠地缠枝牡丹腰形枕。珍珠地工艺为宋金很多瓷场所采用，以河南密县西关窑烧制珍珠地器物最早，但以河南登封窑的产品最为精美。此枕应为珍珠地工艺的典范之作。牡丹大气疏朗，占据了整个枕面，而不觉繁缛，配以珍珠地间填黑的装饰，尤显牡丹“百花之王”的雍容华贵。牡丹花茎呈曲线，十瓣花叶错落有致，使牡丹似在风中摇曳，婀娜多姿，使人不由联想起刘禹锡的《赏牡丹》诗：“唯有牡丹真国色，花开时节动京城”。如果编一本古代牡丹花谱，将此枕画收录，应当之无愧。枕墙未作装饰，素面朝天，想必为突出主题纹饰，以免喧宾夺主。故宫博物院、上海博物馆、广东南越王博物馆以及美国波士顿博物馆、日本出光美术馆有类似收藏。

长20.2　宽17　高10.6

宋代磁州窑珍珠地荷花腰形枕

Kidney-shaped Pillow of Cizhou Kiln with Pearl & Background Lotus Pattern (Song Dynasty)

宋代磁州窑珍珠地荷花腰形枕。此枕应为磁州窑系的河南窑场产品，枕面疏朗大气，框外大片留白，框内珍珠地圈及花卉线条均嵌入赭粉，呈浅红色。一枝荷花，一片荷叶，左右斜出，右上方半片荷花过梁而入，荷花花瓣舒展，作盛开状，营造了“接天莲叶无穷碧，映日荷花别样红”的意境。整幅画面犹如一幅油画小品，装在腰形画框内，与美术大家的画作摆在一起，也毫不逊色。

长29　宽18.3　高8.5

宋代磁州窑仙鹤牡丹如意形枕

Cloud-shaped Pillow of Cizhou Kiln with Crane & Peony Pattern (Song Dynasty)

宋代磁州窑仙鹤牡丹如意形枕。枕呈如意形，流畅的曲线使瓷枕本身的造型富有美感，外圈为折枝卷草花卉，内圈主题纹饰为仙鹤、牡丹，仙鹤寓意长寿，牡丹象征富贵。《诗经·小雅·鹤鸣》云："鹤鸣九皋，声闻于天"。在道教故事里，鹤是神仙的坐骑，令人尊崇。民间喜用"鹤寿千岁"作为祝寿吉语。此枕寓意长寿富贵，应为老人喜用。枕墙半截露胎，绘折枝花卉。枕面因土浸，虽釉已失光，但不失其美。

长30.3　宽22.3　高13

宋三彩如意梯形牛头雕塑枕

Cloud-shaped Tri-color Glazed Pillow with Carved Ox Head (Song Dynasty)

宋三彩如意梯形牛头雕塑枕。枕呈如意形，施绿釉，间中泛黄，因绿釉含铅，其水银沁使釉色更显晶莹，斑驳绚丽。枕台比一般的台式枕要大，施黄釉，刻水波纹，尽显富丽。枕台背面有一牛头雕塑，造型生动。此种造型，一般为北宋，似为磁州窑系河南窑产品。

长31.5　宽17.8　高10.5

宋代河南当阳峪窑绿釉划牡丹腰圆形枕

Kidney-shaped Green Glazed Pillow of Dangyangyu Kiln with Carved Peonies (Song Dynasty)

宋代河南当阳峪窑绿釉划牡丹腰圆形枕。河南修武当阳峪窑属磁州窑系，以制作绿釉划花器见长。此枕划花牡丹与一般瓷枕的直立牡丹不同，横向而出，占据了整个画面，牡丹线条简洁，活泼奔放，用四条细线画出边框，画面大气流畅，绿釉葱翠欲滴，当为当阳峪窑绿釉枕的精品。河南修武文管所、日本东京国立博物馆有此类枕收藏。

长29.9　宽21.8　高10.6

宋代河南当阳峪窑绿釉划花腰圆形枕

Kidney-shaped Green Glazed Pillow of Dangyangyu Kiln with Carved Flowers (Song Dynasty)

宋代河南当阳峪窑绿釉划花腰圆形枕。枕体施绿釉，用篦线划出内外框，画面用细线划出衬底，横向一束花卉，用绶带捆扎，很像是今天情人节的礼物，花束叶片丰茂，花朵似兰又似牡丹。划工技艺熟练，一气呵成，有现代感。枕面有修补。绿釉施釉到底。此类枕存世量相对较大，多家国内外博物馆均有收藏。

长34　宽25　高13.2

宋代磁州窑白釉黑花蜻蜓荷花如意形枕

Cloud-shaped Pillow of Cizhou Kiln with Black Dragonfly & Lotus Pattern on White Background (Song Dynasty)

宋代磁州窑白釉黑花蜻蜓荷花如意形枕。此枕充分展现了磁州窑白地黑彩的白与黑的艺术，以及磁州窑工匠高超的绘画技艺。枕呈如意形，用黑彩绘出边框，线条流畅，似水波纹。枕侧线条圆润柔和，富有变化。主画面为一只蜻蜓不期而至，飞于荷花上方，正应了“小荷才露尖尖角，早有蜻蜓立上头”的诗情画意。蜻蜓、荷花造型准确，刻画生动，整体布局合理，用寥寥数笔勾勒出几束芦苇，烘托出夏日荷塘，是一幅精致的宋代绘画小品。枕底胎为浅灰色。

长31.7　宽23　高10.5

宋代河南新安窑绿釉印花锦钱纹束腰枕

Peanut-shaped Green Glazed Pillow of Xin'an Kiln with Coin Pattern (Song Dynasty)

宋代河南新安窑绿釉印花锦钱纹束腰枕。枕为长方形束腰式，通体施绿釉，六面模印锦钱花纹。这种几何图案很有装饰性，宋代铜镜也多采用类似装饰手法，锦钱纹寓意吉祥富贵。六面锦钱纹虽是模印，但图案清晰，气孔巧妙地设在边侧钱纹的中间，隐而不显。六面锦钱纹整体给人一种对称和谐美，形制规整，胎体轻薄，做工精致，为新安城关窑的典型器。

长19.3　宽10　高10.1

宋代茶叶末釉腰圆枕

Kidney-shaped Tea-dust Glazed Pillow (Song Dynasty)

宋代茶叶末釉腰圆枕。茶叶末釉始烧于唐代的耀州窑，实际上很多北方窑口都有烧制。它的烧成开始是无意的，是釉中铁、镁与硅酸化合而产生的结晶，釉呈不透明的黑绿色彩，恰似茶叶末，在黑釉中闪出点点结晶，古朴清丽，很有点青铜器的味道。宋以后茶叶末釉一度失传，雍正、乾隆时期又得以光大，更有“鳝鱼黄”、“蛇皮绿”等诸多品种，甚至被使用在官窑器上，成为如今很多收藏家的宠儿。这个瓷枕的茶叶末釉仍属于黑釉的性质，有一种古朴大气、沉稳耐看的感觉，枕面未作其他修饰，尽显单色釉之美。胎体较粗，因高温烧就显得坚硬。

长30　宽25.8　高16

宋代定窑白釉鹿纹海棠形枕

Cherry-apple Flower Shaped White Glazed Pillow of Ding Kiln with Deer Pattern (Song Dynasty)

宋代定窑白釉鹿纹海棠形枕。枕面印划双线海棠形外框，正中又套双层菱形内框，间印装饰纹，内外框之间形成四个菱形开光，内划牡丹等花卉。菱形内框中划鹿纹，卧鹿温顺可爱。鹿在中国传统文化中，“鹿”与“禄”同音，取吉祥之意。此枕的特点以戳印与划花结合，两者兼用。故宫博物院、广东南越王博物馆均有此类枕收藏。

长24.8　宽20　高11.8

宋三彩瑞兽雕塑枕

Beast-shaped Tri-color Glazed Pillow
(Song Dynasty)

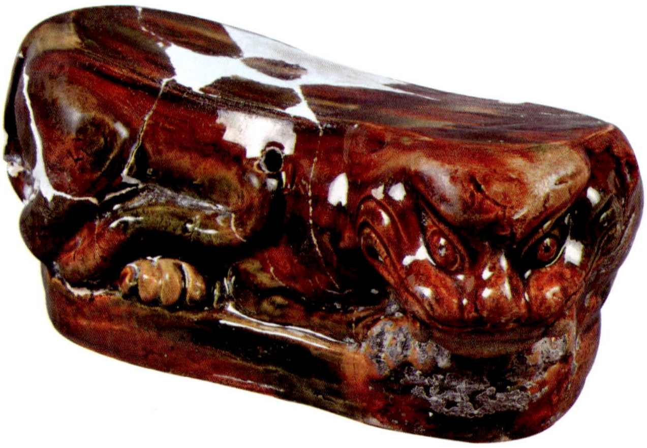

宋三彩瑞兽雕塑枕。釉色晶莹亮丽，富有变幻。此兽似为传说中的貔貅，造型从虎豹之属，作咆哮怒吼之状。《诗·大雅·常武》所形容“阚如虓虎”之意，故又称“虓虎”。古时人们常将貔貅比作勇士，《晋书·熊远传》记：“命貔貅之士，鸣檄前驱”，并绘制在军旗上，以振军威。在民间则被供奉为镇邪祈福求财的神灵。中国古代的瑞兽，既源于现实，又来自幻想，是现实与幻想的混合物，常常综合了各种动物的特点，有一种“在人意中、出人意外”之美。此三彩近似唐三彩，可知此枕应为北宋早期之物。

长23　宽11　高9

宋代青釉人物花卉印花枕

Celadon Glazed Pillow with Flower Pattern (Song Dynasty)

宋代青釉人物花卉印花枕。枕呈如意形，造型优美，通体印花。此青釉枕应为南方越窑系产品。枕面的印花缠枝花卉，构图繁密而不显杂乱。底座往下自然伸展呈弧状，像一倒置的喇叭，模印出繁茂的山林，间有仙人出没。可见应为一博山图案，暗含《山海经》故事。此枕实为窑址出土，枕底已失，但极为少见。

长19　宽17　高13.3

宋代磁州窑『张家造』蹴鞠八角形枕

Octagonal Pillow of Cizhou Kiln with Ball-kicking Pattern & Maker's Seal（Song Dynasty）

宋代磁州窑“张家造”蹴鞠八角形枕。蹴鞠在中国古代源远流长，早在汉代的《西京杂记》《盐铁论》《刘向别录》中就有记载，在汉代画像石上也有蹴鞠的雕刻图像。到了宋代，蹴鞠更广为流行，宋代文物上有较多反映，存世的绘画、瓷器、铜镜、象牙雕刻笔筒等文物上都有表现。《水浒传》中曾描写高俅因鞠球技艺出众，深得皇上宠信的记载。此枕呈八角状，上下两侧呈弧形，用褐彩绘出边框。蹴鞠图十分写实，刻画细致，从枕面可看出，所蹴之鞠是用皮缝制而成，呈七瓣，这就是古代足球的一个实证。童子头梳双髻，身着开襟长衫，衣服上有花纹图案，为宋代服饰提供了实证资料。蹴鞠人物处于枕面中心位置，主题突出。有力地证明了中国是古代足球的发源地。枕侧绘缠枝花卉纹，枕底有“张家造”戳印，枕面有土沁水沁。河北省博物馆有类似枕的收藏。

长29　宽19.3　高10

宋定窑白地划花戳印纹元宝形枕

Shoe-shaped Pillow of Ding Kiln with Stamped Flower Pattern (Song Dynasty)

宋定窑白地划花戳印纹元宝形枕。枕面用双线划出内外框，内框印有十二朵衬有枝叶的花卉，既规整，又丰满。外框印一圈二十一朵五瓣梅花，疏密有致，极具装饰性。戳印工艺为北方窑场多采用，尤以定窑、井陉窑为多。枕有土沁，使枕面和枕侧显得不够干净，但也造成了明显开片的特殊效果。

长22.3　宽18.8　高11.8

宋代磁州窑绿釉席纹如意形枕

Cloud-shaped Green Glazed Pillow of Cizhou Kiln with Bamboo Mat Pattern (Song Dynasty)

宋代磁州窑绿釉席纹如意形枕。宋代的绿釉不少窑口都有烧造。绿釉象征清凉，用于瓷枕更为适宜。此枕枕面模印席纹图案，很有唐代窑场的遗风。枕边有回纹装饰，六道弧线使枕面既像一朵彩云，又像一柄如意，展现出曲线美。枕下部呈台座，四瓣梅花状，施釉到底，有气孔。底胎呈灰白色。

长32.5　宽30.3　高17

北宋当阳峪窑黄釉饕餮双豹枕

Yellow Glazed Pillow of Dangyangyu Kiln with Carved Dragons & Leopards (Northern Song Dynasty)

北宋当阳峪窑黄釉饕餮双豹枕。此枕釉色亮丽，枕面划出长方形框，枕侧前后有豹纹浮雕，豹子作奔腾跳跃状，姿态优美，极具动感，背衬高浮雕镂空卷草纹，两侧壁饰以饕餮辅首，面目狰狞，有驱魔辟邪、祈求平安之意。唐代曾从西域引进猎豹，多为皇室饲养，经训练后，可以助猎，但出现在瓷枕上并不多见，由此可见此枕的珍贵。

长21.4　宽13.6　高9.6

宋代河南黄道窑绿釉竹报平安腰形枕

Kidney-shaped Green Glazed Pillow of Huangdao Kiln with Bamboo Pattern (Song Dynasty)

宋代河南黄道窑绿釉竹报平安腰形枕。竹子为中国文人所喜爱，苏东坡就有“宁可食无肉，不可居无竹”之说。竹为雅物，所谓的松、竹、梅、兰“四君子”，就少不了竹。中国传统文化中又有“竹报平安”之说。春节放爆竹吓走“山魈”的习俗，就是由此而来。此枕竹枝上立一喜鹊，也是竹报平安的喜意，两片嫩叶从竹子两侧相向而出，整体图案给人一种和谐美。五条篦线划出的内框外，一圈剔花的宽叶卷草纹。积釉处的深绿与表面浅绿形成自然色差，使枕呈现整体美感。枕侧半釉，露施化妆土的白胎。

长31　宽20.7　高9.7

宋代当阳峪窑绿釉腰形诗词枕

Kidney-shaped Green Glazed Poetry Pillow of Dangyangyu Kiln (Song Dynasty)

宋代当阳峪窑绿釉腰形诗词枕。这既是一首观景诗更是一首咏史诗，用竹笔划出。全诗为“洛阳时景春幽，酒海花林散愁；到处楼台客醉，满城槛里香留”。诗词两侧题“古吟”二字。写的是洛阳城的繁荣奢华景象：通过洛阳游春时，人人徜徉在酒海花林间，家家扶得醉人归，城里房子都弥漫酒香，那一副醉生梦死的景象，暗示着一个王朝的挽歌已经唱响，引发人们的思考与回味。这首六言诗未查到出处，但也不像是民间匠人的创作。这个诗词枕作为一个载体，很好地保留了一首古代诗词的作品，当然这首诗词为何时、何人所作，尚待查考。此枕整体施绿釉，用六条篾线划出外框，枕墙釉不着底，浅红胎，施化妆土。

长29.5　宽20.5　高10.9

古
洛陽時景春幽
酒海花林散愁
到處樓臺客醉
滿城檻裏香留
吟

宋代磁州窑剔花牡丹八角形枕

Octagonal Pillow of Cizhou Kiln with Carved Peonies (Song Dynasty)

宋代磁州窑剔花牡丹八角形枕。枕下侧呈弧线，八角内框内剔出大朵牡丹，花朵饱满、叶片肥厚，剔地露胎，呈褐色，使主题纹饰突出。此枕为窑址出土，枕釉面有较大残损。底为灰白胎。

长25.3　宽15.3　高9.3

北宋珍珠地划花腰圆枕

Kidney-shaped Pillow with Pearl Background Carved Flowers (Northern Song Dynasty)

北宋珍珠地划花腰圆枕。枕面用勾线划出两区，呈月牙形的分隔，上部用珍珠地装饰，并划出左右分摆的大片花叶，花瓣肥硕。下部留白，除了具有特殊的装饰效果外，也为就枕舒适。此枕的珍贵之处还在于，乾隆皇帝曾在宫中旧藏此类枕,瓷枕下部留白位置上，题御诗一首：瓷中定州犹椎（惟）轮，丹青弗（佛）籍传色粉。乾隆皇帝的诗词如何且不去论，但足见喜爱艺术的乾隆皇帝对此类枕的青睐。遗憾的是，此枕并非定窑产品，但究竟是河南当阳峪窑，还是山西交城窑，尚无定论。背墙中心有气孔，底部露胎，呈深灰色。故宫博物院有此类枕收藏。

长21.2　宽19.6　高9.8

宋代磁州窑『梨花三月正当开，万蕊千枝坠玉骢』诗词雕塑枕

Poetry Pillow of Cizhou Kiln with Carved Deers & Flowers (Song Dynasty)

宋代磁州"梨花三月正当开，万蕊千枝坠玉骢"窑诗词雕塑枕。全诗为：梨花三月正当开，万蕊千（迁）枝坠玉骢；乘兴拴人堪当文，归来斜插满头回。又诗曰：无形垂影透人怀，四季能催剪物开，远树摘将黄叶去；入海堆出白〇来。此枕应为北宋，书写诗词有不少错、漏，可见工匠们的受教育程度不高。此枕枕壁有模印雕塑，正面一面为花卉，一只小鹿怡然自得地徜徉其中，另一侧为一只奔鹿，前蹄跃起，两枕侧为花卉。

长25.6　宽14.8　高13

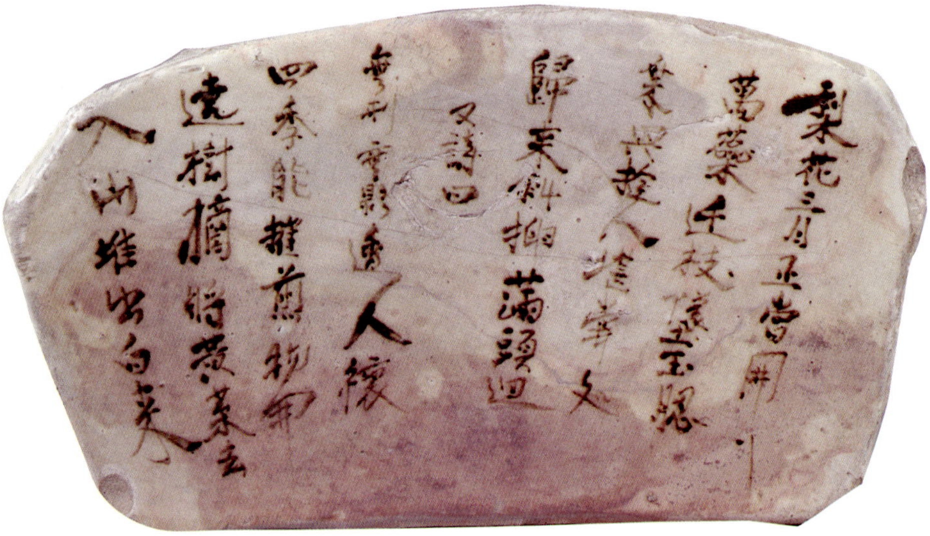

宋代邢窑白釉长方枕

Cuboid White Glazed Pillow of Xing Kiln (Song Dynasty)

宋代邢窑白釉长方枕。白瓷是南北朝晚期才出现的，至唐已发展成熟，特别是邢窑的白磁，风靡一时，号称“天下无贵贱通用之”，一时形成了南青北白的局面。宋代的白釉，烧造的窑品甚多，定窑和磁州窑均以白釉著称。入宋以后，邢窑白磁的影响暗淡下来，但此枕胎釉的白度都很高，恰似茶圣陆羽形容的“其白如雪”，十分难得，这大概就是名窑衰亡前的回响和绝唱。枕呈长方形，造型规整，枕边呈弧线，枕两侧镂空开窗，中置一菱形，整体似一铜钱。

长22.8　宽10　高10.5

宋代定窑三鹿纹印花枕

Pillow of Ding Kiln with Stamped Deer Pattern (Song Dynasty)

宋代定窑三鹿纹印花枕。印花工艺是宋代瓷窑的常用工艺，它用特定的模具，在器物胎体未干时，戳印出图案，然后再施釉入窑，烧制成器。人们一般认为印花工艺借助模具，千人一面，因而价值不高。其实具体问题要具体分析，宋代的印花器物经过近千年流传下来的已属不多，有的印花器物甚至是孤品，那就与人工剔花没有什么高下之分。这个定窑三鹿印花枕，尽管几乎少了半边，文物价值依然是很高的，定窑枕本来就少见，三鹿印花更为难得，自然也可宝之。

长17.9　宽15.3　高10.8

宋代绿釉『夜色中旬后，芦塘傍五更』诗词枕

Green Glazed Poetry Pillow (Song Dynasty)

宋代绿釉“夜色中旬后，芦塘傍五更”诗词枕。全诗“夜色中旬后，芦塘傍五更，隔溪佳人到，当槛月初生”。腰圆的枕面，用四道弧线形成如意云头形。湖水般的绿釉，配上一首男女幽会的情诗，显得十分的贴切。在古代诗词典籍中，未检索到此诗的出处，想必也是民间匠人所做。终日劳作，难得有这份“人约黄昏后”的私情。看来，劳作虽然辛苦，生活还得进行，古往今来，人同此理。枕面大于枕托，这是由如意形枕演化而来。似为磁州窑系河南窑产品。

长31.5　宽17.2　高10.6

宋代定窑白釉嵌黑彩印划鹿纹海棠形枕

Cherry-apple Flower shaped White Glazed Pillow of Ding Kiln with Deer Pattern (Song Dynasty)

宋代定窑白釉嵌黑彩印划鹿纹海棠形枕。枕面用双线画出内外框，框间印一圈小朵花卉，框内印划一只小鹿，通身戳以圆斑，可见是一只梅花鹿。鹿匍匐于草丛之中，回首张望，背景为天空的流云，带状的小路延伸至远方。绘画语言简练、概括。鹿在中国传统文化中，因与福禄双全的“禄”同音，象征吉祥长寿，在南极老人身边，总是陪伴有鹿。枕施白釉，釉面润泽、光滑，枕壁施釉到底，灰白胎。

长23　宽19　高11.8

宋代定窑白釉腰形莲花枕

Kidney-shaped White Glazed Pillow of Ding Kiln with Lotus Pattern (Song Dynasty)

宋代定窑白釉腰形莲花枕。定窑枕胎体较薄，拿在手里有一种轻盈的感觉。就宋代的北方窑系的窑口而言，因为定窑承担为宫廷烧制部分贡瓷的任务，所以常常被视为御窑。就划花技艺而言，是所有窑口中技艺最为成熟的。自东汉佛教传入中国后，莲花一直是与佛教联系在一起，但莲花同时也是中国传统文化中高洁的象征，所谓“出污泥而不染”。周敦颐《爱莲说》即为此意。所以在世俗文化中，莲花也是常用的体裁。此枕技艺的一个特点是，划花与剔花结合，在有些部分划花后，又剔出图案，使胎色与釉色形成反差，纹饰更加鲜明。枕施白釉，釉流到底。胎为浅黄，气孔置于底部。枕面有裂。

长25.5　宽24.2　高11.8

宋代登封窑珍珠地荷花枕

Pillow of Dengfeng Kiln with Pearl Background & Lotus Pattern (Song Dynasty)

宋代登封窑珍珠地荷花枕。枕面清新大方，构图简洁，两枝并蒂荷花亭亭玉立，一枝花瓣舒展，一枝含苞待放，画面清新素雅，疏密有当。珍珠地作底，反衬出荷花的高洁，枕虽不大，格局不小，是一个北宋登封窑珍珠地的精品。

长15.8　宽13.3　高8.8

瓷枕枕片『绘瓷作枕妙陶然，文质彬彬更可怜』

Face of Poetry Pillow

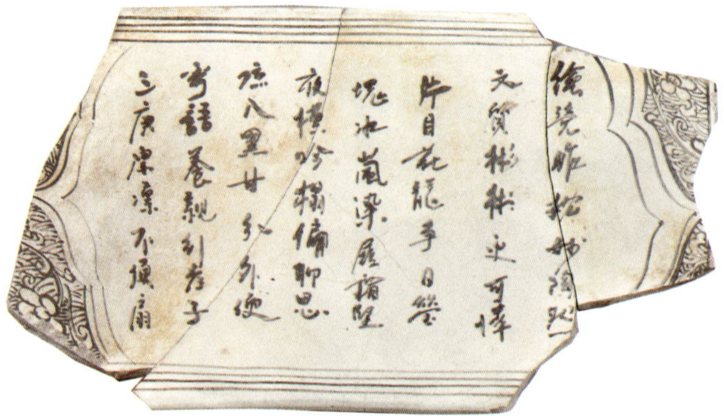

瓷枕枕片。书有诗词：“绘瓷作枕妙陶然，文质彬彬更可怜，片月花笼争日莹，块冰岚染履霜坚。夜横吟榻偏聊思，凉入黑甘分外便。寄语养亲行孝子，三庚凛凛不须扇。” 这是一首歌咏瓷枕的诗，它生动地说明了，瓷枕不是明器，而是实用器。“凉入黑甘分外便”，“三庚凛凛不须扇”。可见炎炎夏日，瓷枕为家庭生活不可或缺。而“绘瓷作枕妙陶然”，“块冰岚染履霜坚”更说明瓷枕乃为“文质彬彬”、“片月花笼”的观赏器，“绘瓷作枕”、“块冰岚染”更说明它是有着丰富文化内涵和审美品位的艺术品。因此，我把“块冰岚染”用作我这本画册的书名，这是对瓷枕两个属性的极好概括。此枕虽然只遗枕面，但仍有很高的审美价值。

长27.9　宽18

宋代磁州窑书法文字『寿山福海』腰形枕

Kidney-shaped Calligraphy Pillow of Cizhou Kiln (Song Dynasty)

宋代磁州窑书法文字“寿山福海”腰形枕。人们重视瓷枕上的绘画、雕塑等技艺，而对磁州窑上的书法重视不够，一般都认为书法者多为工匠，瓷胎上的书写又比宣纸上的书写不易，很难有好的书法作品，其实不然，瓷枕上的书法是否有文人的参与且不去说，但在宋代崇尚书法，有“苏黄米蔡”四大书家的大环境下，工匠们想必习书者众。这方瓷枕上的“寿山福海”四个楷书，就写得有模有样。枕画出外框，内设了一个如意形的内形，等于给这幅书法作品做一装裱，可视为宋人书法。

长28　宽21　高11

宋代新安城关窑珍珠地缠枝花卉枕

Pillow of Xin'an cheng guan Kiln with Pearl Background & Flower Pattern (Song Dynasty)

宋代新安城关窑珍珠地缠枝花卉枕。珍珠地装饰工艺流行于北宋时期，其中河南窑使用最为普遍，除登封窑外，新安城关窑使用也很多。这种工艺借鉴了唐代金银器的錾花技艺，它首先用划花的手法将人物、动物、花卉等纹饰主体刻划出来，然后再用管状工具在背景处戳印出一个个小圆圈，好似一串串滚动的珍珠，小圆圈内还可填上颜色，与主体图案相互映衬，使主体图案更加突出。这个枕，用宽线条把枕面分隔为上下两区，上部为一缠枝的菊花，下部为舒展的枝蔓，相映成趣。枕呈梯形，枕侧为简洁的线条。

长24.4　宽14　高10.8

宋代银鎏金镂空如意形枕

Gold-gilded Silver Pillow with Hollowed-out Design (Song Dynasty)

宋代银鎏金镂空如意形枕。此枕为纯银制作，重达三千余克，枕面和枕壁都有鎏金的佛像。枕面线刻两尊鎏金佛像，中间为一棵鎏金菩提树。枕壁一周用缠枝莲花装饰，正面一对鎏金佛相向而坐，身后有背光，中间一枝鎏金莲花，坐于缠枝莲花之上。此枕充分运用了金银器的錾刻技艺，在雕刻上使用了平雕、线雕和镂空雕，充满了佛教意蕴。此枕极为罕见，应为宫廷王室所使用。

长35.8　宽24.4　高8.8

宋代磁州窑珍珠地缠枝菊花八角形枕

Octagonal Pillow of Cizhou Kiln with Pearl Background & Chrysanthemum Pattern (Song Dynasty)

宋代磁州窑珍珠地缠枝菊花八角形枕。珍珠地工艺一般为磁州窑系的河南窑使用较多，如登封窑、密县西关窑、扒村窑等。此枕枕底有“张家造”款，明确无误地说明这是一件磁州窑的产品。枕面两朵菊花盛开，对称排列，几瓣花叶穿插其间，错落有致，烘托主体纹样，画面生动活泼，线条洒脱流畅，以珍珠地作底，并填以红褐色，使装饰富有层次感。枕侧一圈珍珠地花卉，团花中饰以流云，这种图案较为少见，充分展现了珍珠地装饰工艺的美感，使此枕显得珍贵。北京故宫博物院、上海博物馆、广州南越王博物馆、美国波士顿美术馆、日本出光美术馆等有类似枕收藏。

长29.9　宽19.8　高10

宋代密县西关窑珍珠地卧鹿云纹枕

Pillow of Xiguan Kiln with Pearl Background, Deer & Cloud Pattern (Song Dynasty)

宋代密县西关窑珍珠地卧鹿云纹枕。枕面用连弧线围成如意形，中间用一菱形将枕面分成内外区，外区为珍珠地花卉图案，内区为俯卧在草丛中的梅花鹿，天空飘着流云。珍珠地间填以赭色，整个画面繁而不乱。枕托明显小于枕面，宛如一朵蘑菇，形成一种特殊的美感。

长29.5　宽24　高13

宋代磁州窑白釉『落日碧江静，莲唱清且闲』诗词枕

White Glazed Poetry Pillow of Cizhou Kiln (Song Dynasty)

宋代磁州窑白釉“落日碧江静，莲唱清且闲”诗词枕。枕面用竹笔划出五代著名画僧贯休的诗词《晚望》，全诗为“落日碧江静，莲唱清且闲。更寻花发处，借月过前湾。”枕取前两句，用竹笔划出。贯休是唐末五代的著名画僧，7岁便已出家，曾日诵《法华经》千余字，过目不忘。贯休又喜作诗吟对，深得“禅道惟在妙语，诗道亦在妙语”之真谛。明代扬慎给他很高评价，在《升庵诗话》中称赞他“贯休诗中多新句，超出晚唐”。贯休喜用迭词，“一瓶一钵垂垂老，万水千山得得来”，使他得到了“得得来和尚”的雅号。“落日碧江静，莲唱清且闲”，人们在尘世的繁忙中，一下就安静下来，枕着这样的瓷枕睡觉，想必一定会心淡如水、宠辱皆忘，心净、境静、神空，这正是宋人精神美学的追求。

长25.2　宽24.1　高12

宋代江西湖田窑影青如意形枕

Cloud-shaped Light Blue Glazed Pillow of Hut-ian Kiln (Song Dynasty)

宋代江西湖田窑影青如意形枕。 宋代江西湖田窑是当时重要的窑场，其窑火千年不竭，铸就了今天景德镇中国瓷都的辉煌。宋代的影青，釉色如玉，有如清澈的湖水，胎质因使用特有的高岭土，瓷化程度很高，坚致洁白，扣之有金属声，但影青的瓷器，多以碗碟瓶罐为主，瓷枕并不多见。国家博物馆和首都博物馆收藏的几个影青枕，均为戏曲人物故事枕。此如意形枕，实为罕见。枕面及侧壁有划花，枕底为台式，有垫烧痕，气孔置于底部。

长31.3　宽21　高19

宋代山西晋南窑剔花牡丹腰形枕

Kidney-shaped Pillow of Jinnan Kiln with Carved Peonies (Song Dynasty)

宋代山西晋南窑剔花牡丹腰形枕。枕面施化妆土，剔出图案后，露出赭红色的胎，再罩以米黄色透明釉，使画面轮廓突出，富有立体感。牡丹虽好，更有绿叶扶持，主题图案简明、洒脱。此枕应为山西窑产品。

长19.2　宽16.2　高9.7

宋代江西吉州窑酱釉云纹长方腰形枕

Peanut-shaped Brown Glazed Pillow of Jizhou Kiln with Cloud Pattern (Song Dynasty)

宋代江西吉州窑酱釉云纹长方腰形枕。吉州窑的瓷枕相对较少，工艺粗率者为多。此枕制作精良，工艺细致，枕边框曲线规整，六面均绘以繁复的云纹，云纹两两相连，遍布全枕，好似缠枝，极富装饰性，釉光莹润，呈棕红色，当为吉州窑产品的典范之作。两气孔置于枕边侧。

长18　宽11.5　高9

南宋酱釉牡丹腰形枕

Brown Glazed Pillow with Peony Pattern
(Southern Song Dynasty)

南宋酱釉牡丹腰形枕。此枕工艺和制作较为粗率，似为江西、福建一代地方窑窑口产品，有明显的出土痕迹。枕面呈马鞍形，枕四侧均为刻花牡丹，施酱釉，因刻花图案使施釉厚薄不均，反而形成特殊的施釉效果。枕底露胎，胎质粗糙，呈灰白色，气孔置于底部。

长17.1　宽9.2　高9.5

宋代定窑白釉长方形『野水无人渡，孤舟尽日横』诗词枕

Cuboid White Glazed Poetry Pillow of Ding Kiln (Song Dynasty)

宋代定窑白釉长方形“野水无人渡，孤舟尽日横”诗词枕。枕面用竹笔书写宋代宰相寇准的诗句“野水无人渡，孤舟尽日横”，这首诗很受时人的喜爱，此句最初出自唐代诗人韦应物的《滁州西涧》中的“野渡无人舟自横”句，寇准在《春日登楼怀归》中对此句作了改造。定窑的瓷枕釉白胎薄，当时多为向宫廷进贡之物，但枕上的文字又显得粗率、稚气，这样的枕显然并非宫中使用之物，可见定窑也烧制了大量民间使用的瓷器。此枕胎白、细腻。

长24.7　宽13.6　高10.8

宋代磁州窑腰形『客醉斜阳，马嘶锦地』诗词枕

Kidney-shaped Poetry Pillow of Cizhou Kiln (Song Dynasty)

宋代磁州窑腰形“客醉斜阳，马嘶锦地”诗词枕。枕施白釉，用竹笔划出“客醉斜阳，马嘶锦地”句。此两句诗尚未查到出处，但诗词的意境耐人回味，“客醉斜阳”给人一种“断肠人在天涯”的悲凉感，“马嘶锦地”又激起人们千里马难求、不平则鸣的悲愤，像这样的锦言妙语，真应收入今天的《古代名言大词典》，不失为千古佳句。

长22　宽19.5　高11.5

宋代磁州窑八角形『明知空手去，刚惹业随身』诗词枕

Octagonal Poetry Pillow of Cizhou Kiln (Song Dynasty)

宋代磁州窑八角形“明知空手去，刚惹业随身”诗词枕。枕面用竹笔书有“明知空手去，刚惹业随身”的诗句，应为一佛家偈语。“刚”，当为“金刚经”，“刚惹”应指般若经与金刚经的合称。它反映的就是禅宗的“空”、“无”观念。这个枕的书法，显然是吸收了苏轼书法“多取侧势、左低右高”的特点。书家运笔迅疾、笔意工拙、扁平稍肥的结体，使其错落有致。当为瓷枕书法的上品。我们将此枕书法与苏轼的《寒食帖》做个比较，可以看出书者对苏体是下了工夫的。苏东坡追求飘动隽逸、以韵取胜的“尚意”书法理念，与禅宗追求的“空灵”是相近的，这又增加了这副副子的禅思玄意。故宫博物院有此类似枕收藏。枕面绘出边框，枕侧有卷草纹。

长28.6　宽19.6　高11.8

宋代磁州窑珍珠地牡丹腰形枕

Kidney-shaped Pillow of Cizhou Kiln with Pearl Background & Peony Pattern (Song Dynasty)

宋代磁州窑珍珠地牡丹腰形枕。牡丹是宋代瓷枕喜爱表现的主题纹饰，但此枕的牡丹造型与一般的表现形式不同，它所展示的不是牡丹正面怒放的形态，而是取侧势，含苞待放，配上花叶，枝蔓舒展、流畅，一副风中摇曳的姿态。珍珠地的戳印一般为管状圆形，此枕的珍珠地为小卷云状。枕面有水沁、土锈，有明显的出土痕迹。

长27　宽17.6　高8.9

宋代磁州窑白釉鹿纹枕

White Glazed Pillow of Cizhou Kiln with Deer Pattern (Song Dynasty)

宋代磁州窑白釉鹿纹枕。此枕从器形看应为晚唐到五代之物，但胎釉又是磁州窑早期的乳白釉，枕面略有脱釉，品相不好，但所刻鹿纹造型准确生动，鹿做回头状，似在凝望远方的流云，近侧草丛、芭蕉，使枕面有一种静谧感。气孔置于枕侧。

长16.2　宽12.3　高7.8

宋代耀州窑青釉刻花牡丹枕

Celadon Glazed Pillow of Yaozhou Kiln with Carved Peonies (Song Dynasty)

宋代耀州窑青釉刻花牡丹枕。耀州窑创烧于唐代，五代末至宋初，受浙江越窑影响，烧制刻花青瓷，耀州窑的青瓷故有“越器”之称。耀州窑烧制的瓷器，多为瓶罐盘碗，瓷枕极为少见，所见中国陶瓷史的各种著述，均未提及有耀州窑的瓷枕，但在西安出土古陶瓷瓷片中，是有耀州窑残枕的。此枕枕面与枕壁之间有一定的弧线，使枕不仅美观，而且实用，所刻牡丹下刀果断，刀工犀利、深峻，这正是耀州窑刻花的特点。枕底有垫烧痕。

长28.5　宽14　高14.8

宋代磁州窑青釉水波纹腰形枕

Kidney-shaped Celadon Glazed Pillow of Cizhou Kiln with Ripple Pattern (Song Dynasty)

宋代磁州窑青釉水波纹腰形枕。此枕的绘画好似宋金工匠的行为艺术，它不是用中规中矩的施釉办法施釉，使釉水均匀，而是率性挥洒，反映出工匠要么是心情好极了，要么是情绪坏透了，但结果是，在枕面上作出了令人意想不到的花纹图案，既像一束枯枝，又像池塘荡起的阵阵涟漪，枕侧的流釉形成奇异的水波纹，这样一种艺术效果，不正是八百年后的今天，艺术家玩的后现代吗？

长23.6　宽14.5　高12.8

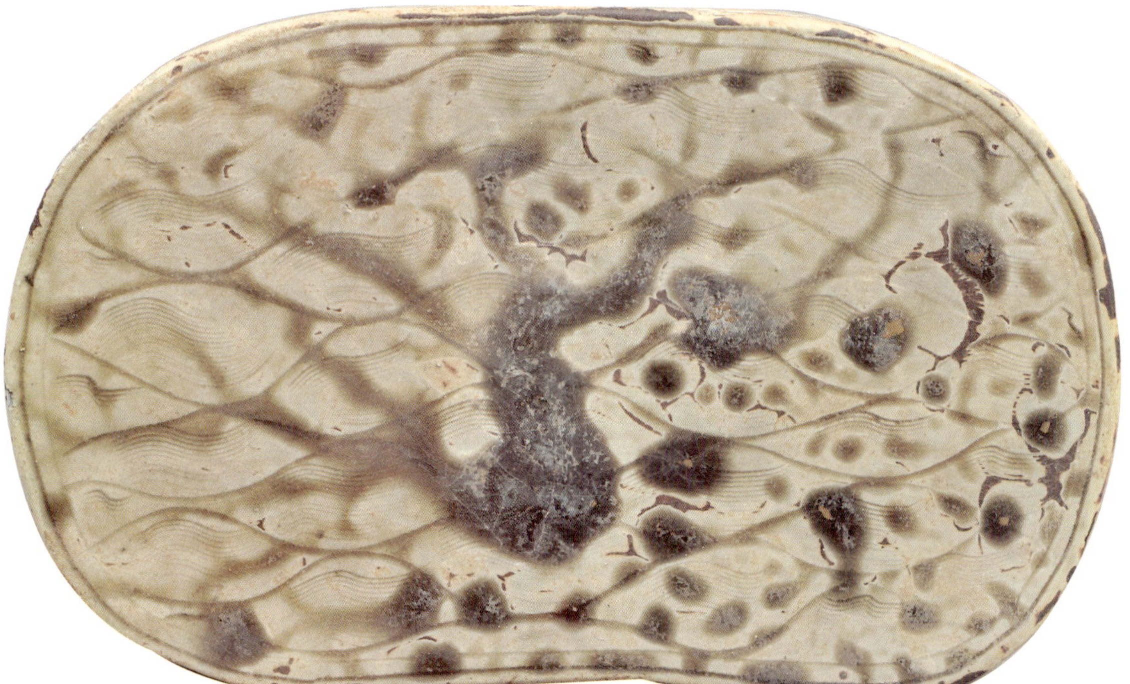

宋代鹤壁窑白釉六面划花束腰枕

Peanut-shaped White Glazed Pillow of Hebi Kiln with Carved Flowers (Song Dynasty)

宋代鹤壁窑白釉六面划花束腰枕。此枕六面均有划花牡丹、划花花叶、划花云纹等图案，可以说是对划花工艺的全面展示。牡丹图案下的花叶枝蔓舒展飘逸，用宽叶脉把枕面分隔为三个小区，朵朵流动富有动感，两侧的牡丹亭亭玉立，图案间有篦划纹。束腰的造型使长方的线条不再单调，给人以美感。此枕有土沁、水沁和细开片。枕为北宋早期。

长23.5　宽9.2　高12.3

宋代登封窑珍珠地缠枝牡丹腰形枕

Kidney-shaped Pillow of Dengfeng Kiln with Pearl Background & Peony Pattern (Song Dynasty)

宋代登封窑珍珠地缠枝牡丹腰形枕。珍珠地装饰宋金时期为北方各窑场普遍采用，其中以河南密县西关窑为最早，而河南登封窑和鲁山段店窑的产品最具代表性。此枕的珍珠地牡丹图案工艺细腻，作为主体纹饰的牡丹造型典雅高贵，花蕊中有细篦纹，花瓣卷曲，富有变化，是诸多牡丹造型中的优美者。一枝缠枝花蔓围绕其间，使牡丹更加婀娜多姿，图案更具装饰性，珍珠地作地，填以红色，使整个枕面层次丰富，充分展现了宋金瓷器高超的装饰工艺，为突出枕面的主题纹饰，枕侧未作剔划。

长21.3　宽15.4　高11

宋三彩当阳峪窑雕塑狮子枕

Lion-shaped Tri-color Glazed Pillow of Dangyangyu Kiln (Song Dynasty)

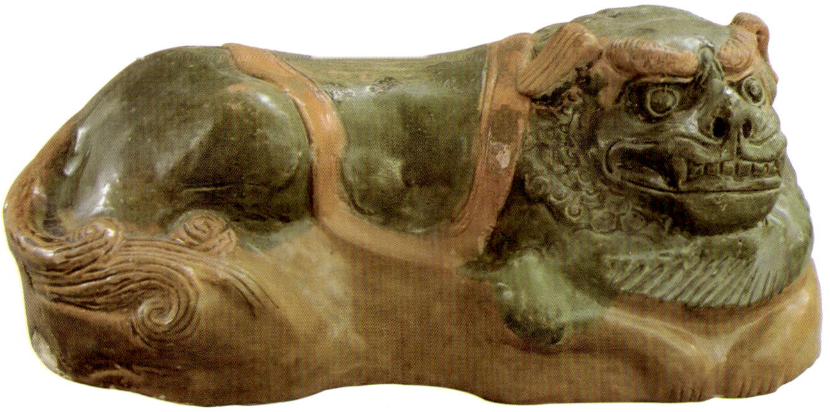

宋三彩当阳峪窑雕塑狮子枕。在宋金雕塑枕中，以狮子为造型的多见，大多是背负枕面。此枕是一个完整的狮形雕塑，狮子的双眼虽然炯炯有神，但有凶悍之气，背上用黄釉勾出了一块披毯，可以想见，它定为中国古代神话故事中哪位神仙的随侍神兽，所以才这般温顺可爱。在中国人的美术理念中，重绘画，轻雕塑，认为雕塑是为匠人所作，而在西方美术理念中，把雕塑看得很重。重新审视中国美术史，一件有八百多年历史的宋代雕塑，应该给它应有的地位。枕施绿釉，枕托为黄釉，用黄釉施彩于狮身上的束带，色彩鲜艳，对比强烈。狮子面部的雕塑细致夸张，十分生动。气孔置于枕底部。

长31.5　宽15　高12.5

宋三彩河南新安城关窑牡丹玉兔纹枕

Tri-color Glazed Pillow of Xin'ancheng guan Kiln with Peony & Rabbit Pattern (Song Dynasty)

宋三彩河南新安城关窑牡丹玉兔纹枕。兔是十二生肖家族中的重要一员，长长的耳朵、机灵的形象，加上温顺的性格，使其深受中国人的喜爱，成为古代艺术品上常见的形象。此方瓷枕，施三彩釉，长方形的外框分隔为三区，二侧为大朵牡丹，中间的主画面在牡丹花丛下，一只玉兔警觉地注视四方，俨然就是一幅宋元彩色绘画小品。三彩的色彩艳丽，绿黄白搭配赏心悦目。古代绘画的色彩一般都比较暗。细品宋元名画和宋元瓷枕有不同的审美感觉，此方瓷枕应为磁州窑系的产品。

长28.1　宽13.9　高10

宋代磁州窑儿童闹元宵兔灯长方形枕

Cuboid Pillow of Cizhou with Lantern Festival Theme (Song Dynasty)

宋代磁州窑儿童闹元宵兔灯长方形枕。婴戏是中国绘画喜爱表现的内容，甚至形成了一个专门的画种，产生了一批著名的画家，如苏汉臣就是宋代著名的婴戏画家，而瓷枕上的绘画，不仅受到院体画派的影响，更重要的是画工直接取材于乡间生活，他们所创作的婴戏作品，则更加生动活泼，如河塘钓鱼、儿童逗鸟、绣墩打盹、放风筝、骑竹马、抽陀螺等，都在瓷枕上得到了反映。而这方瓷枕上所表现的儿童闹元宵，提着一盏兔灯，真实地反映了当时的民俗和市井生活，甚至儿童的衣着和装束都有重要的史料价值。枕有残，但图画保存基本完好，枕两侧除绘有牡丹、墨竹外，还墨书“艾山枕用功，古相张家造”。

长33.2　宽17.9　高14.2

宋代磁州窑剔花玉兔朝元腰形枕

Kidney-shaped Pillow of Cizhou Kiln with Rabbit Pattern (Song Dynasty)

宋代磁州窑剔花玉兔朝元腰形枕。崇兔可以上溯到中国古史的传说时代，兔子被认为是月神，玉兔回首遥望月亮，反映的是中国人崇月的自然崇拜。乾隆皇帝曾专门制作玉兔朝元砚用于赏赐大臣，其图案正是这个瓷枕上的玉兔朝元图案。此枕腰形枕面上划出内外框，内框为如意形，玉兔居中，回首望月，两耳高耸，头上一枝芦苇呈弧线低垂，增加了画面的美感，内外框之间四组缠枝花卉。枕壁剔出阔叶缠枝牡丹。枕侧与枕面剔花地所施化妆土不同，使颜色更加丰富。

长32.1　宽23　高13

宋代巩县窑茶叶末釉腰形镂空枕

Kidney-shaped Tea-dust Glazed Pillow of Gongxian with Hollowed-out Design (Song Dynasty)

宋代巩县窑茶叶末釉腰形镂空枕。茶叶末釉创烧于唐代，在黄色偏黑的釉面上，可以看出星星点点的类似茶叶末的斑点，非常美观，入宋以后，北方多窑场都有茶叶末釉的烧制，但质量参差不齐，逐渐衰落，以至失传。到了清代乾隆时期，又再度中兴，有不少官窑器都施茶叶末釉。这方宋代茶叶末釉瓷枕，釉光莹润，造型规整，枕四侧均有镂空图案，其釉色不让乾隆茶叶末釉。枕一侧有垫烧痕。

长23　宽10　高10

宋代磁州窑书法文字『笑闻鸟谈天，静观鱼读月』八角形枕

Octagonal Calligraphy Pillow of Cizhou Kiln (Song Dynasty)

宋代磁州窑书法文字“笑闻鸟谈天，静观鱼读月”八角形枕。台湾阳明山有一幅民国时期著名文人陈定山撰的对联“水清鱼读月，花静鸟谈天”，作为一幅名联被人们广泛转述和引用，好在宋金时候的匠人们，不会穿越时空来到今天，争此联的著作权问题，显然陈定山联是从瓷枕上的这两句诗词改造而来。不过，我还是觉得，此枕上的“笑闻鸟谈天，东（静）观鱼读月”要比陈定山联更有味道，无论是对仗、平仄、寓意都较陈联为高，看来著作权是争不了了，但是创作的高下后人还是可以评说的。书有此联的瓷枕我就有三只，可见时人对此联的喜爱，看来一个时代有一个时代的时尚，那时的时尚是闲适和雅致，而今天是浮躁与功名。此枕的书体为行书，其中有一个错字“静观”误写为“东观”，这是因为当时工匠创作速度很快，一不小心就走了神，不足为怪。枕侧绘卷草纹。

长23　宽10　高10

宋代鹤壁窑荷花八角形枕

Octagonal Pillow of Hebi Kiln with Lotus Pattern (Song Dynasty)

宋代鹤壁窑荷花八角形枕。牡丹和荷花都是瓷枕上经常出现的图像，莲花意味着高洁，出淤泥而不染，故有周敦颐《爱莲说》。佛教文化更赋予莲花于宗教的意蕴。此枕的荷花绘画，与一般的荷花表现不同，它用白描的手法，用细线绘出高洁的形象，亭亭玉立，傲然迎风。花叶的处理尤为特殊，一张有些夸张的大荷叶，置于莲花之下，所有的形象都由毛笔勾勒的细线完成，洁而不繁，清新脱俗，这正是中国绘画以线条见长的特点，所以瓷枕的绘画可以视为中国古典绘画中的白描小品。枕壁所绘纹饰奔放、流畅。枕面有一道窑裂。

长23　宽14　高11

宋代磁州窑白釉黑剔花牡丹纹如意形台座枕

Cloud-shaped White Glazed Pillow of Cizhou Kiln with Black Peony Pattern (Song Dynasty)

宋代磁州窑白釉黑剔花牡丹纹如意形台座枕。枕面呈如意形，绘画随枕就形，两朵牡丹上下排列，花叶呈放射状，给人一种花繁叶茂的感觉，在施釉后用竹笔在黑釉上画出花瓣、花蕊和叶脉，整个画面洒脱大气，显示了磁州窑特有的白地黑花技艺。枕呈台式，台座施釉，枕面下侧有脱釉，气孔置于底部，为灰白胎。类似枕日本出光美术馆、美国弗利尔博物馆，以及故宫博物院、上海博物馆等均有收藏。

长28.5　宽29　高16

宋代磁州窑白釉黑花牡丹纹如意形台座枕

Cloud-shaped White Glazed Pillow of Cizhou Kiln with Black Peony Pattern (Song Dynasty)

宋代磁州窑白釉黑花牡丹纹如意形台座枕。白釉黑花是磁州窑代表性的技法和图案，像这样的黑釉牡丹图案，不仅出现在瓷枕上，更多的还出现在梅瓶、罐等其他器物上。这个枕的牡丹图案施釉均匀、亮丽，牡丹枝繁叶茂，雍容华贵，台座枕体加如意形的宽大枕面，给人以美感。

长30　宽28　高14

宋代磁州窑黑釉『酒熟社前后，四邻三五家』如意形台座诗词枕

Cloud-shaped Black Glazed Poetry Pillow of Cizhou Kiln (Song Dynasty)

宋代磁州窑黑釉“酒熟社前后，四邻三五家”如意形台座诗词枕。枕体施黑釉，枕面用竹笔依如意外形剔出边框，内框为方形，在黑釉上用竹笔书写诗词：“酒熟社前后，四邻三五家，东风满门巷，吹动蒺梨花”。整首诗富有生活气息，反映农村和谐的邻里关系。内外框间饰卷草纹，内框上部剔牡丹纹。此类枕较为少见。

长32.5　宽33.5　高16.5

酒熟社前後
四隣三五家
東風滿門巷
吹動蕎麥花

宋代磁州窑腰形『花间酒气，竹里棋馨』诗词枕

Kidney-shaped Poetry Pillow of Cizhou Kiln (Song Dynasty)

宋代磁州窑腰形“花间酒气，竹里棋馨”诗词枕。枕面用毛笔书写“花间酒气，竹里棋馨”，这两句诗词出自唐代许浑《村舍》，全诗为“花间酒气春风暖，竹里棋声夜雨寒。梦破江亭山驿外，诗成灯影雨声中”。在宋金时期，唐诗的普及程度很高，大诗人李白、杜甫自不用讲，即使是像许浑这样的晚唐诗人，他们的诗作也在民间广泛流传。当然，讲到许浑，当今的中国人都会不由自主地想到“山雨欲来风满楼”句，这是我们时代特定条件下的特定语境，而对宋人来讲，“花间酒气，竹里棋馨”可能更符合他们当时的环境和心境。这个枕面的书法也是很见功力的，其实这就是一件宋代的书法作品，而且很开门。枕壁绘卷草纹。

长23.5　宽18　高10

花間酒氣
竹里棋聲

宋代河南窑口青釉划花贴塑元宝形枕

Shoe-shaped Celadon Glazed Pillow from Henan with Carved Flowers (Song Dynasty)

宋代河南窑口青釉划花贴塑元宝形枕。枕呈元宝形，施青釉，枕面划出相向的鱼纹和水波纹，枕两侧模印出卧鹿纹和花卉纹。此枕应为出土之物，土沁痕迹明显，釉薄处已经露胎，而积釉处釉色均匀。双鱼和卧鹿都是吉祥符号，象征年年有余、鱼水之欢和福禄双全。

长19　宽12　高9.5

宋代磁州窑绿釉浅浮雕刻花花卉元宝形枕

Shoe-shaped Green Glazed Pillow of Cizhou Kiln with Carved Flowers (Song Dynasty)

宋代磁州窑绿釉浅浮雕刻花花卉元宝形枕。枕体施绿釉，枕面形成一弧线，为元宝形。枕两侧模印刻出繁密的菊花图案，另二侧为饕餮辅首。花卉枝繁叶茂，花朵被绿叶簇拥。饕餮浓眉巨眼，大耳露齿，面容狰狞，其形象想必有镇魔驱邪的含意。枕施釉较厚，绿釉含铅，通体泛银，现蛤蜊光，给此枕增添了一种美感。两气孔分置于枕两侧的枕面之下。胎体浅红，坚质，叩之有金属声。

长24　宽13　高13

宋代登封窑童子起舞珍珠地腰圆形枕

Kidney-shaped Pillow of Dengfeng Kiln with Pearl Background & Boy Dancing Pattern (Song Dynasty)

宋代登封窑童子起舞珍珠地腰圆形枕。枕以珍珠地作装饰，枕面上一童子翩翩起舞，宋代童子剃发只留铜钱般大，有的在一侧，有的在顶前。此童子顶前一束发，穿四衩衫，两襟有带子系束，童子双臂挥舞，单腿直立，摆一个舞蹈姿式。天空流云朵朵，地上芳草萋萋。枕侧大朵牡丹，舒展飘逸。

长29　宽20　高11

宋代卧莲童子绿釉脉枕

Boy-under-Lotus-Leaf Shaped Green Glazed Wrist Cushion (Song Dynasty)

宋代卧莲童子绿釉脉枕。这类孩子枕通常见到的都是大的实用枕，小的脉枕相对较少，枕下的儿童身体蜷曲侧卧，一手置于耳畔，酣然入睡，枕面恰似一方荷叶，覆盖于童子身上，呈现出一副荷塘清幽的宁静景象。枕施绿釉，釉面泛铅，底露胎，胎质粗松。窑口不详。

长12　宽7.3　高7.5

辽三彩刻花牡丹枕

Tri-color Glazed Pillow with Carved Peonies (Liao Dynasty)

宋辽三彩是继唐三彩之后又一三彩烧制的高峰，有不俗的艺术成就，如果说唐三彩主要是在随葬的明器，如在俑、马、镇墓兽上来表现，那么宋辽三彩直接进入人们的世俗生活，在宋元瓷枕中，三彩枕占有不小的比例，它色彩鲜艳，很具装饰性，河南禹县扒村窑、修武当阳峪窑、郏县黄道窑、新安城关窑、济源勋掌窑、山西晋南窑等均有烧制。此枕是为扒村窑作品，器型硕大，色彩鲜艳，虽有较大残缺，依然可宝可珍。

长39　宽24.5　高14

辽三彩卧虎枕

Crouching Tiger-shaped Tricolor Glazed Pillow (Liao Dynasty)

辽三彩卧虎枕。在中国神话中有黄帝与蚩尤驱虎大战的美谈，在汉画像石中有许多“虎吃旱魃”的画面，山东长清双乳山汉墓也出土有双虎头玉枕，将虎枕的使用上溯到了汉代。在宋金时期，以虎作枕十分普遍，这样一种崇虎的文化，既有中国传统文化的习俗，也与来自白山黑水、以狩猎为生的少数民族文化有关。这只虎枕，施以三彩，刚好使其成了一只斑斓大虎，静静地伏在山石上，似乎随时准备呼啸而起，虎背施以绿彩，上面用褐彩刻划出一束阔叶，好像虎给自己做了一个迷彩伪装，饶有兴味。这只三彩虎枕，造型独特，意趣别致，置于中国古代雕塑史中，也无愧色。

长36.2　宽14.5　高15

辽三彩八角荷花枕

Octagonal Tri-color Glazed Pillow with Lotus Pattern (Liao Dynasty)

辽三彩八角荷花枕。边框外缘有装饰纹饰，内框五根篾线施以黄釉，枕内一枝黄釉荷花亭亭玉立，四片荷叶错落有致。牡丹、荷花都是宋元瓷枕喜欢的题材，牡丹高贵、莲花脱俗，莲花不仅反映了佛教传入中国的宗教意蕴，更反映了中国文人的理想人格和精神追求。宋代理学大师周敦颐有《爱莲说》，“出污泥而不染”，就是这个瓷枕所显示的主题。此枕釉面有伤，有填彩修补。

长33.5　宽22　高11.5

辽三彩凤凰枕

Tri-color Glazed Pillow with Phoenix Pattern (Liao Dynasty)

辽三彩凤凰枕。菱花四弧形枕，枕取菱花形，在瓷枕中十分罕见。菱为水生，四瓣菱花在佛教中象征如水之明净。凤凰图案是宋辽时期瓷枕、铜镜、壁画中人们喜爱的主题，凤鸟造型多以双凤同向和龙凤双配为主，此枕中的单凤以较大的枕面来展现凤凰的婀娜多姿，展翅飞翔，凤凰从云层中翩翩飞下，羽饰华美，黄绿相间，丰满的尾屏舒展，凤颈回首，使整个凤凰呈现婉转流畅的线条，展现了曲线美。双足施积釉呈紫红色，釉面返铅，呈现五彩斑斓的蛤蜊光，使枕面富丽华美。枕四侧以黄釉的四瓣莲花和绿釉的花卉装饰。此枕应为辽三彩中的典范之作。

长25.5　宽23　高9.6

辽三彩鸳鸯小枕

Tri-color Glazed Mini-pillow with Mandarin Duck Pattern (Liao Dynasty)

辽三彩鸳鸯枕。鸳鸯是唐宋诸多艺术品类中，如铜镜、瓷器、绘画中经常使用的题材，在中国传统文化中，多用来比喻和谐美满、厮守一生的恩爱夫妻，《诗经·小雅》就有以鸳鸯做篇名的诗作。所谓的“鸳死鸯殉”，虽不是事实，却成为人们愿意相信的美好传说，正所谓“愿作鸳鸯不羡仙”。在佛教文化中，也多有记载，在《涅槃经》中，肯定其“游止共俱，不相舍离”。这个辽代的三彩鸳鸯枕，以黄釉画出边框，以绿釉作底，一池春水，一对卿卿我我的鸳鸯，分置于亭亭玉立的荷花两侧，象征爱情的美好，施以黄釉，间以填白，使其形象艳丽、突出，寥寥几笔的勾线，使鸳鸯的造型准确。曲线画出的水波纹，使画面立显生动。画面虽小，画作却不失为经典之作。

长38　宽18　高11

辽三彩花卉枕

Tri-color Glazed Pillow with Flower Pattern (Liao Dynasty)

辽三彩花卉枕。如意形枕用黄釉勾勒出枕边，大朵牡丹置于花盆中，花盆盆身施蓝釉，三足施黄釉，长长的叶片施展开来，黄釉的牡丹亭亭玉立。枕面脱釉，露出化妆土的胎底，胎为红陶土，烧结温度不高，容易脱釉，两个气孔置于底边两侧。

长25.5　宽18　高9

辽三彩磁州窑虎纹枕

Tri-color Glazed Pillow of Cizhou Kiln with Tiger Pattern (Liao Dynasty)

辽三彩磁州窑虎纹枕。枕面呈如意形，周边和虎身施绿釉，底子施黄釉，深黄浓绿对比强烈，很有视觉冲击力，加上用流利的刀法在枕面刻出一只蓄势待发的老虎，刻划流利有力，很有点木刻画的趣味，使老虎平添了几许威猛之气。

长29　宽23　高9

辽三彩仕女卧榻读书枕

Tri-color Glazed Pillow with Lady Reading Pattern

(Liao Dynasty)

辽三彩仕女卧榻读书枕。一个头梳高髻的仕女，悠闲地躺在卧榻上，背靠高枕，这样的读书像，显然不是在正襟危坐地读四书五经，可以肯定，她读的既不是元代王实甫的《西厢记》，也不是清代曹雪芹的《红楼梦》，但一定是一本不适于闺中女子读的闲书、禁书。离床榻不远，有一丛绿叶，可以想象这应该是卧室窗外的植物，未画窗框，给人以开放的想象空间。此枕有很强的色彩感，仕女衣饰及卧榻床侧施黄釉，亮丽高贵，发髻施黑釉，一头乌发，植物、枕头和枕侧施绿釉，生机盎然，枕侧划花卉纹，有脱釉，露红胎。此三彩人物仕女枕罕见。

长23.5　宽17　高11

辽三彩八角菊花枕

Octagonal Tri-color Glazed Pillow with Chrysanthemum Pattern (Liao Dynasty)

辽三彩八角菊花枕。枕面呈八角状，大朵菊花几乎占据整个画面，周围一圈叶片装饰，作为陪衬，使主题纹饰更加突出。菊花用黄釉渲染，色彩亮丽，花叶施绿釉，环绕菊花一周，有流动感。采用剔花工艺，花朵与花叶突出于枕面之上，枕边呈楞，整个枕面富有立体感。胎为浅红细沙胎。

长38　宽18　高11

辽三彩牡丹镂空人物瑞兽枕

Tri-color Glazed Pillow with Hollowed-out Boys & Auspicious Beasts (Liao Dynasty)

辽三彩牡丹镂空人物瑞兽枕。枕面有一定的弧度，近似扇形，五朵缠枝牡丹，花瓣为浅黄色，花蕊为深黄，枝蔓为翠绿，使整个枕面色彩绚丽。枕前侧镂空雕出童子持莲，两个胖乎乎可爱的童子手持折枝莲花，中间是一镂空雕出的“福”字和一蹲伏的小鹿，象征着福禄双全。枕背侧两只施黄釉的瑞兽在莲花中追逐，莲花花瓣施白釉。枕两侧为梅花形花窗。这样集多种工艺于一身的瓷枕，实为难得。

长25.3　宽15.3　高9.3

福

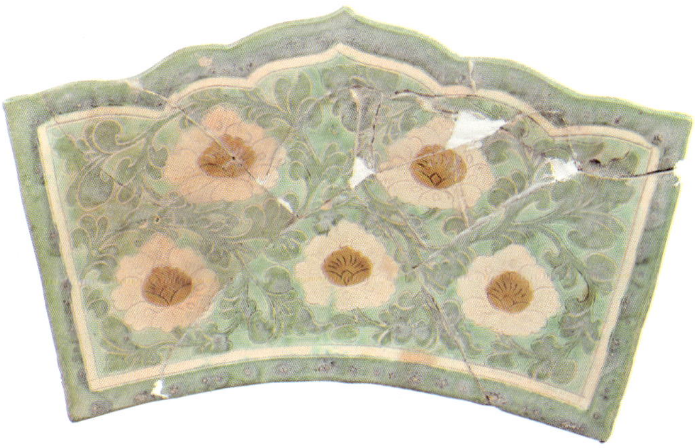

辽三彩狮形枕

Lion-shaped Tri-color Glazed Pillow (Liao Dynasty)

辽三彩狮形枕。枕施三彩，一卧狮背负枕面，狮子造型生动、威猛，枕面一童子嬉戏花卉间。三彩是低温釉，容易产生脱釉现象，此枕釉光虽然有失，但也造成了一种斑驳陆离的色彩效果，不失可爱。

长21.6　宽11.6　高10

辽三彩兔纹腰形枕

Kidney-shaped Tri-color Glazed Pillow with Rabbit Pattern (Liao Dynasty)

辽三彩兔纹腰形枕。整体施绿釉，枕面用黄釉绘出宽带边框，边框内及四周和枕壁均有暗刻花卉，枕中的瑞兔用白釉绘出。正如《木兰辞》所说“ 雄兔脚扑朔”和《诗经》所说的“有兔爰爰”，两只竖起的耳朵十分可爱。中国的兔文化可以上溯三千多年，流传下玉兔捣药、玉兔朝元等许多美好的故事传说。这个瓷枕用绿黄白三色，描绘出一个可爱的中国“兔八哥”卡通兔形象。

长28.9　宽19.5　高10.3

辽三彩鸭戏荷塘枕

Petal-shaped Tri-color Glazed Pillow with Duck Pattern (Liao Dynasty)

辽三彩鸭戏荷塘枕。枕呈花瓣形造型，枕面用绿釉勾出边框，两片荷叶一枝荷花，显示夏日荷塘气氛，一只鸭子嬉戏其间，悠然自得，鸭子用棕绿黄三彩渲染，这样的小景为农村常见，有浓郁的生活气息。枕侧施半釉，露粉红胎，胎质细腻。二气孔设在枕一侧。

长16　宽14　高10

辽代河南扒村窑三彩牡丹花卉枕

Tri-color Glazed Pillow of Bacun Kiln with Peony Pattern (Liao Dynasty)

辽代河南扒村窑三彩牡丹花卉枕。牡丹花卉的装饰始于唐代，这与武则天及皇室贵族的喜爱有关，牡丹被推崇到了国花的程度，民间也有种植牡丹的习俗，这种喜爱和习俗一直延续到宋代，宋代瓷器上的牡丹图案就有几十种。这个枕面上的牡丹，花瓣填白，花叶染绿，枕底施黄釉，黄、白、绿三色相间，而此枕还加了六道弦纹，使枕面分成内区，外区加了一圈卷云纹，六道弦纹上施褐红釉，使三彩不局限于黄、绿、白三色，还增加了红色，色彩更加丰富。牡丹的装饰设计，使叶片与牡丹花分离开来，五片叶片环绕牡丹一周，形态各异，这与通常的叶片簇拥牡丹别有意趣，可以赏花，也可以品叶。此枕仅存枕面，枕体缺失。

长24.5

金代雕塑虎形绘画枕

Tiger-shaped Painting Pillow (Jin Dynasty)

金代雕塑虎形绘画枕。此枕应出自金代磁州窑系山西晋南窑，枕面及伏虎均施褐彩，伏虎为虎皮纹，花纹形象生动流畅，枕面绘一草地上跃起的斑斓大虎，这种虎上加虎的纹饰造型，纹饰较为少见，全枕素胎，不知是忽略了罩釉还是釉被土侵蚀，抑或是有意为之，以造成特殊效果。

长39　宽18　高12

金代白地黑褐彩花卉纹虎形枕

Tiger-shaped Pillow with Dark Brown Bird Pattern on White Background (Jin Dynasty)

金代白地黑褐彩花卉纹虎形枕。上海博物馆收藏有类似虎形枕，枕底有墨笔行书“大定二年六月廿六日张家”十一字，由此类似枕可断为金代，上博枕绘一小鸟立于水中汀沙上，而此枕绘三只立鸟，顾盼相望，相互呼应，寥寥数笔，便勾勒出一幅境界幽旷、生趣盎然的景象。

长38　宽18　高11

金

金代磁州窑『立身之法，孝顺为先』诗词枕

Poetry Pillow of Cizhou Kiln (Jin Dynasty)

金代磁州窑“立身之法，孝顺为先”诗词枕。金代磁州窑作品。宋元瓷枕中有不少劝人行善、提倡道德的诗词枕，多为民间俚语，反映了宋元时期儒学伦理深入民间，有广泛的社会基础。劝人行孝的诗词枕内容大同小异，《磁州窑诗词》一书中就收藏有另一个版本，“立身之本，行孝为先；于人有义，不义神天”，为私人收藏。每天枕着这样的枕头睡觉，对家庭、孩子无疑是种养成教育。此枕的书法颇有些宋徽宗赵佶“瘦金体”的味道，用笔纤瘦，倜傥潇洒。

长28　宽21　高12

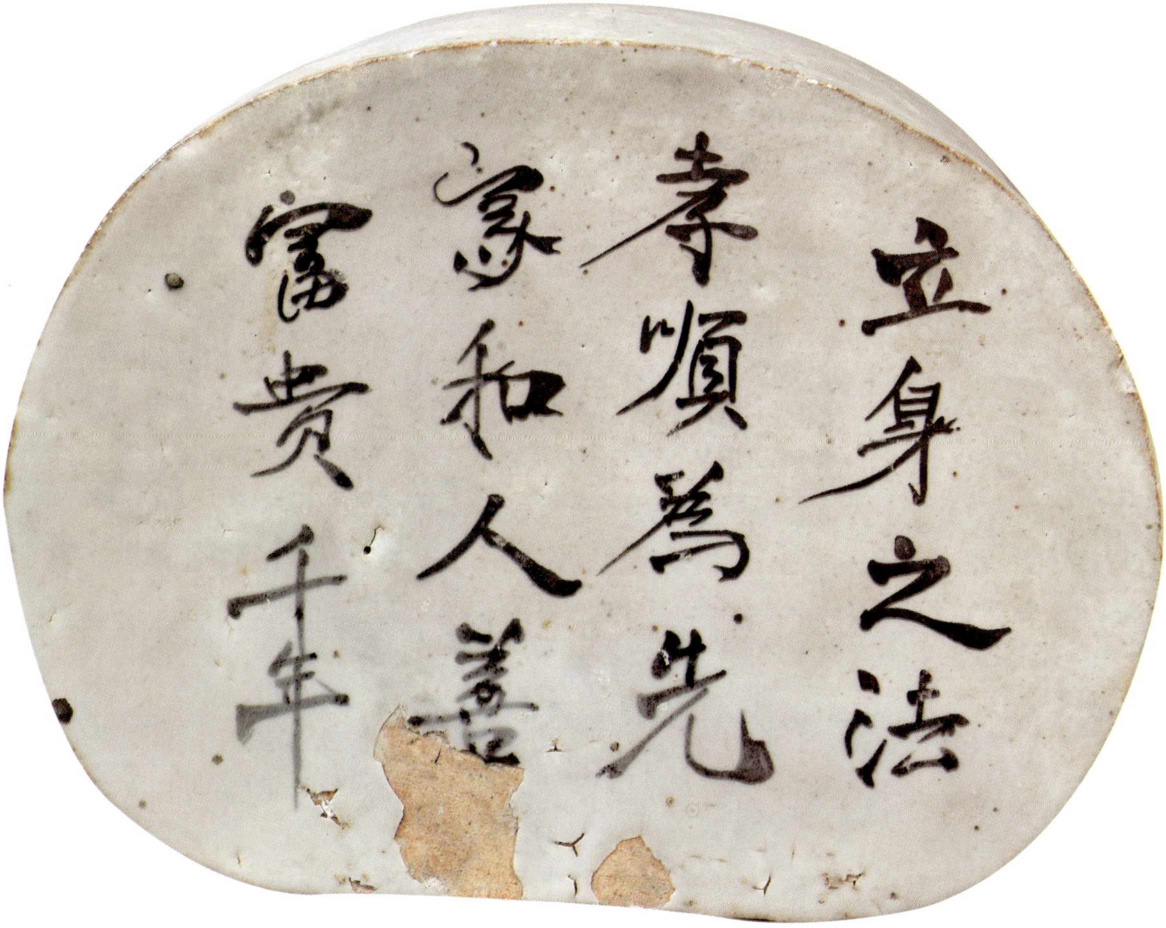
立身之法
孝順爲先
家和人善
富贵千年

金代磁州窑山水人物枕

Pillow of Cizhou Kiln with Landscape Painting (Jin Dynasty)

金代磁州窑山水人物枕。宋代是绘画艺术高度发展的时代，宋徽宗建立的画院培养和成就了一大批中国美术史上的巨匠，也造就了朝野上下研习书画的风气。这幅留在瓷枕上的山水小景，就充分展示了宋代工匠们高超的画艺，都说中国古代绘画不懂透视，此幅绘画远景、近景布局合理，枕面小不足盈尺，工笔山水很难施展，一般多为写意花鸟，而此幅山水尺幅小、格局大，江边有人送客，江上有人泛舟，山势嶙峋，树木丰茂，滩头一小屋，依稀掩映在树丛中，显然就是一幅绝妙的宋代山水小品，谁说宋画难觅。八角枕侧面绘卷草纹。

长25.5　宽17.3　高8.4

金代磁州窑麒麟枕

Pillow of Cizhou Kiln with Kylin Pattern (Jin Dynasty)

金代磁州窑麒麟枕。此枕用褐彩绘出八角枕框，枕面自然开片，麒麟在造型上综合了狮、虎、熊、鹿等几种野兽的特点，头长双角的叫天禄，取其吉祥之意。枕中的天禄口中衔枚，骑风火轮，双目圆睁，昂首振翼，四肢飞腾，展现了雄劲有力的阳刚之美，确有辟邪镇魔的威猛之气。枕这样的枕，显然不惧妖魔袭扰，尽可安然入眠。

长25.3　宽18　高10.5

金

金代磁州窑白地黑花如意形『一架青黄瓜，满园白黑豆』诗词枕

Cloud-shaped Poetry Pillow of Cizhou Kiln with Black Floral Design on White Background (Jin Dynasty)

金代磁州窑白地黑花如意形“一架青黄瓜,满园白黑豆”诗词枕。这两句饶有趣味的诗词在唐诗宋词中均找不到，显然是民间匠人们的率性创作，虽然少了些书卷气，却多了些生活趣味，“一架”对“满园”，“青黄”对“白黑”，“瓜”对“豆”，简直是严丝合缝的绝配，它使人们认识到汉字的独特魅力所在，人们又怎么能不钦佩这位没有留下姓名的民间文学大师的创作才华呢。枕上的书法是流畅的草书，写得十分率性酣畅，尽显性格。我另有一个书有同样内容的八角型枕片，用楷体书写。磁县文管所收藏有类似的枕。

长33　宽24　高12.5

金代磁州窑八角形竹报平安花鸟枕

Octagonal Pillow of Cizhou Kiln with Bamboo & Bird Pattern (Jin Dynasty)

金代磁州窑八角形竹报平安花鸟枕。宋代的花鸟画在宋徽宗的大力倡导下，在唐代花鸟画的基础上有一个大的发展，磁州窑上的花鸟画注重写实，形象逼真。此枕疏朗的竹枝梢上，栖息着一只喜鹊，鸟喙微张，似乎在用婉转的鸟鸣呼唤着春天的到来，抑或是求偶的窃窃私语。

长30　宽23　高11.2

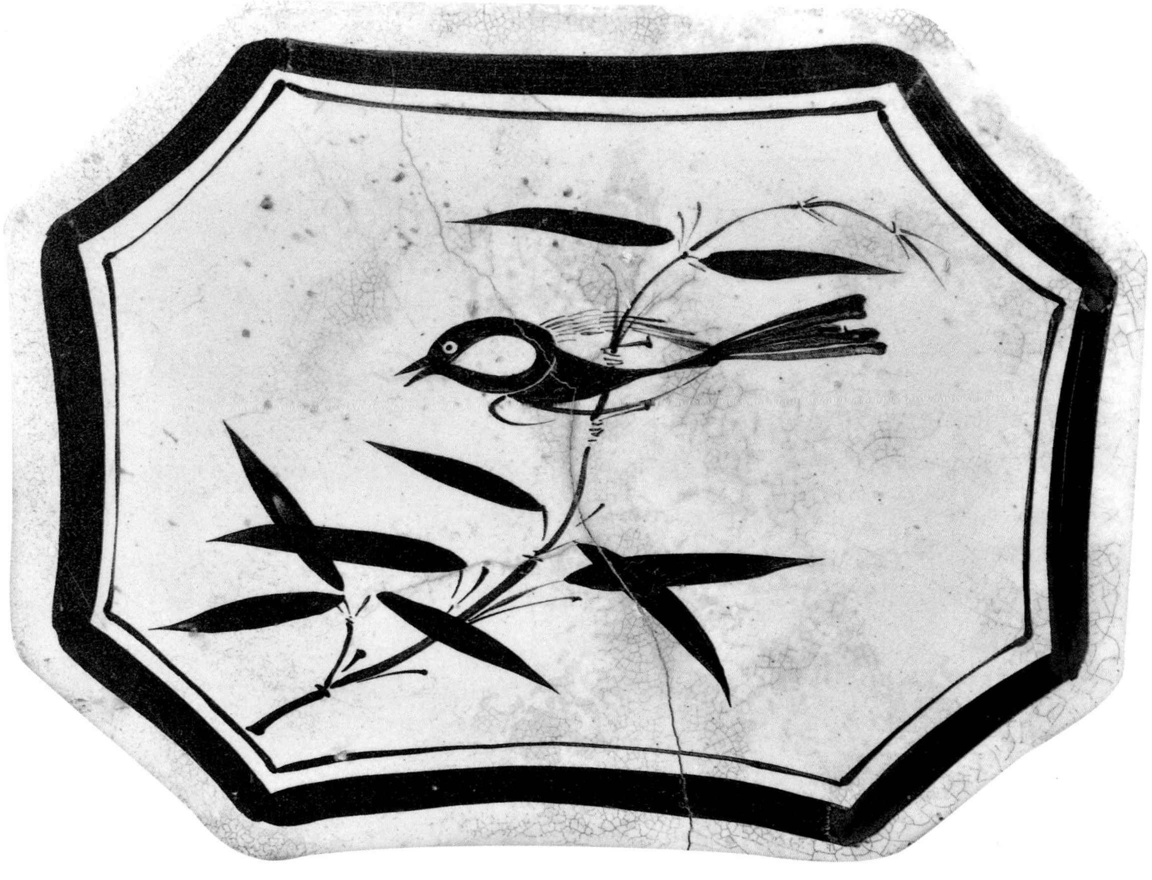

金代山西晋南窑剔花童子执莲如意形枕

Cloud-shaped Pillow of Jinnan Kiln with Carved Lotuses & Boy (Jin Dynasty)

金代山西晋南窑剔花童子执莲如意形枕。金代山西晋南窑剔花童子执莲如意形枕。枕面为如意形，用双勾线划出如意形内框，剔出童子执莲图案。童子匍匐于地，肥硕壮实，面带微笑，大大的脑袋，类似《三毛流浪记》中三毛的的发型，十分可爱。童子执莲环绕一周，下侧大瓣荷花盛开。童子执莲不仅有佛教“化生”的含义，宗教的意蕴与宋代的社会习俗结合起来，成为一种时尚。在每年七夕前，市井儿童多手执荷叶奔跑行走，嬉戏玩耍。人们传说脚踩风火轮的哪吒也是由莲花化生而来。中国人俗语中有“莲生贵子”之说，取其吉祥之意。此方枕的剔花，技艺流畅，构图优美，施化妆土后，剔出深色的胎，再罩以透明釉，形成明显的色彩反差，使画面更加突出，富有美感。枕面自枕托延伸而出，恰如飘浮在湖面的荷叶，正好暗合了童子执莲之意。

长16.5　宽23.2　高11

金代济源勋掌窑三彩双鹤荷花剔花枕

Tri-color Glazed Pillow of Xunzhang Kiln with Carved Cranes & Lotuses (Jin Dynasty)

金代济源勋掌窑三彩双鹤荷花剔花枕。此枕呈长方形，双鹤立于荷花两侧，鹤象征长寿，是中国传统的吉祥图案，画面用黄釉分割成三联画图案，主题纹饰的两侧为花卉，白釉的双鹤雌雄相对，造型准确，刻划流畅，既有工笔，又有写意，工写兼备，尤为难得的是两侧花卉及中间的荷花均点有玫瑰红彩，在宋辽三彩中极为罕见。此枕为河南济源勋掌窑产品。广东南越王博物馆有此类型收藏。

长43.5　宽18.5　高10.5

金代绿釉划花鸳鸯戏莲枕

Green Glazed Pillow with Craved Mandarin Ducks & Lotuses (Jin Dynasty)

金代绿釉划花鸳鸯戏莲枕。枕面呈长方弧形，绿釉，两只鸳鸯一雌一雄，嬉戏游弋于莲丛中，三朵莲花错落有致，一幅生机盎然的景象。鸳鸯匹配之鸟，象征爱情，莲花为佛教中圣洁之花，象征纯洁，这样的构图在唐宋时期颇为流行。四侧为黄釉模印深剔图案，为缠枝莲花。应为河北磁州窑产品，广东南越王博物馆有此类似收藏。

长31　宽19　高10.5

金代酱釉『楼台侧畔杨花舞，廉幔后面燕子飞』诗词枕

Brown Glazed Poetry Pillow (Jin Dynasty)

金代酱釉“楼台侧畔杨花舞，廉幔后面燕子飞”诗词枕。枕面用竹笔划出“楼台侧畔杨花舞，廉幔后面燕子飞”。诗词应出自民间，此枕的“廉”为错字，少了竹头。天津市历史博物馆收藏有磁州窑的白地黑花八角形枕，文字大同小异，后句为“帘帷中间燕子飞”。我另藏有与天津历史博物馆类似的枕。

长26　宽20.5　高10.2

金代磁州窑水牛剔花枕

Pillow of Cizhou Kiln with Carved Buffalo & Flowers (Jin Dynasty)

金代磁州窑水牛剔花枕。宋代的剔花技艺十分高超，轻轻铲去一层化妆土，在素胎上刻画出牛的形象，罩上一层透明釉，立现鲜明形象，瓷枕上的动物纹样，多以吉祥瑞兽为主，以牛入图，反映了人们对朝夕相处、辛劳耕作的水牛的喜爱，有很强的生活气息。枕边六道弦纹间剔出月牙纹样，枕上方一叶飘落，似乎月光下，牛不用扬鞭自奋蹄，仍在努力耕作。

长29　宽22　高9.2

黄宏藏枕

（下）

上海科学技术文献出版社

金代三彩孔雀剔花花卉六角梯形枕

Hexagonal Tri-color Glazed Pillow with Carved Peacocks & Flowers (Jin Dynasty)

金代三彩孔雀剔花花卉六角梯形枕。六角框内用曲线勾勒一画框，外框用红彩填底，内框用绿彩，画框中央设一枝叶茂盛的大树，两侧为两只背向而立的孔雀，回颈相望。孔雀是佛教中的神禽、瑞兽。孔雀的佛家语为“摩由维”，《涅槃经三十四》曰：“自有众生，非因父母而得生长。譬如，孔雀闻雷震声而使得身”。佛教中就有一头四背能驾孔雀的孔雀明王。此枕虽然枕面有裂，但构图精妙，画面生动，此画面为仅见，弥足珍贵。山西榆次窑有此类型枕。

长43　宽18.2　高10

金代磁州窑白地黑釉剔花牡丹枕

Dctagonal Pillow of Cizhou Kiln with Carved Peony Design (Jin Dynasty)

金代磁州窑白地黑釉剔花牡丹枕。八角长方枕，框内再设双线框，好似装了一个油画框，使框内的画面更加突出，黑釉作底，用流畅的线条画出花枝花叶，并用水波纹线使底黑白相间，六瓣白釉牡丹衬在黑底中，色彩对比强烈，简练大气。施白釉和黑釉使釉面有一种油脂感，仅取画面装框，就是一幅很具现代感的800年前的油画。

长28　宽19.8　高11.2

金代磁州窑『静观鱼读月，笑闻鸟谈天』诗词枕

Poetry Pillow of Cizhou Kiln (Jin Dynasty)

金代磁州窑“静观鱼读月，笑闻鸟谈天 ”诗词枕。“鱼读月”对“鸟谈天”，“静观”对“笑闻”，这样的对子非常妥帖，由此可以一窥宋金时期的楹联文化。近代著名学者、楹联学家陈定山先生在台北阳明山有类似山联：“水清鱼读月，花静鸟谈天”，“水清”对“花静”，“读月”对“谈天”，此联明显是从瓷枕上对联演化而来，但似乎瓷枕联比陈定山联更有味道。此枕为磁州窑产品，没画边框，使文字占居整个枕面，书法显然是唐代颜真卿的楷体，其中的文字与《颜家庙碑》的字体极其相近，可见当时练颜体书法的人不少。

长27　宽20　高11

靜觀
魚讀月
笑聞鳥
談天

金代磁州窑双鹤虎形枕

Tiger-shaped Pillow of Cizhou Kiln with Crane Pattern (Jin Dynasty)

金代磁州窑双鹤虎形枕。此枕与上海博物馆所藏鸟纹虎形瓷枕极为相似，枕以虎为造型，意在镇妖辟邪。作为艺术造型的虎，最早出现在商代的青铜器中，何时以枕的形象出现，最早的记载是晋人王嘉的《拾遗记》中：“汉诛梁冀，得一玉虎头枕……是殷时遗宝也”，但此说未见实物为证，不过秦汉之时，虎枕已是时尚之物。江苏狮子山汉墓出土过镶有虎形玉片的玉磁，山东长清双乳山汉墓也有双虎头玉枕出土。虎形枕出现在瓷器中，应该是自隋始，到了唐代，在长沙窑和越窑的产品中都有虎形雕塑的脉枕。宋元时期虎枕已相当普遍。此枕做卧虎状，在棕黄色的釉底上用墨彩绘出流利的线条，双眼圆睁，眼上框用点状的墨彩渲染，虎口微张，露出两枚尖锐的牙齿，不露自威。枕背上绘出两只仙鹤，立于水边汀草中，一只回颈相望，另一低首觅食，画面简洁。鹤为长寿之鸟，取其吉祥之意。天边两只小鸟，池边几丛水草，使整个画面悠静、寂寥，给人安静的感觉。此枕应为磁州窑系产品，上海博物馆藏有一枕底书墨书：“大定二年六月廿六日张家”，可见此类枕应出自金代。国外各大博物馆，如美国旧金山亚洲艺术博物馆、纽约布鲁克林博物馆等均有此类虎枕收藏。

长28　宽22　高10

金代磁州窑童子戏荷如意形枕

Cloud-shaped Pillow of Cizhou Kiln with Boy Playing with Lotus Pattern (Jin Dynasty)

金代磁州窑童子戏荷如意形枕。童子戏荷、童子执莲是宋元时期常见的绘画体裁，在瓷器和青铜器上多有反映，枕上的童子依坐在一绣墩旁，手执一莲叶，神态可爱，几根简洁疏朗的线条，一笔就勾勒出孩童的发式，使人物形象栩栩如生。从枕面人们可以看到宋金时期人们的一些社会习俗，看来绣墩是那时的常用家具。如意形枕本身就是一个很好的雕塑，造型优美，寓意吉祥。

长28.5　宽19.5　高10.5

金代磁州窑八角绿釉花竹枕

Octagonal Green Glazed Pillow of Cizhou Kiln with Bamboo Leaf Pattern (Jin Dynasty)

金代磁州窑八角绿釉花竹枕。枕面用墨彩绘出双框，内置竹枝图，与一般画竹所不同的是，九片竹叶处理夸张、突出，婀娜多姿的竹枝显得纤细、柔弱，楚楚动人，竹枝、竹叶上方用流畅的书法，写就一个十分潇洒、漂亮的“花”字，这种反差给人强烈的视觉效果，使整体画面富有装饰性，将此画面置于镜框，可与当下现代艺术家们的作品。媲美。看来，800年前的工匠们已经在玩现代艺术了，而且玩的是那么的自然。全枕罩以绿釉，有细小开片，侧面用流畅的线条绘出图案，给人一种整体美感。

长28.5　宽19.5　高10.5

花

金代山西窑雀闹牡丹虎形枕

Tiger-shaped Pillow of Cizhou Kiln with Magpie & Peony Pattern (Jin Dynasty)

金代山西窑雀闹牡丹虎形枕。此枕为山西晋南窑的产品，也属磁州窑系，其虎形枕不仅是宋金时期磁塑作品的典范，更为工匠艺人们挥洒丹青提供了空间，在枕面上留下了一幅幅精致的绘画小品。此枕所绘雀闹牡丹图，两株并蒂牡丹竞相开放，花枝中一立鸟在回颈张望，立鸟头上轻轻一笔，就表明了此鸟是为白头翁，更使画面立显生动，正是“牡丹枝头春意浓”。小鸟、牡丹立在凶悍的老虎背上，一强一弱，一凶一温，这倒是个对立的统一，也是饶有趣味的。

长37　宽18　高11

金代磁州窑鱼藻纹腰形枕

Kidney-shaped Pillow of Cizhou Kiln with Fish & Water Plant Pattern (Jin Dynasty)

金代磁州窑鱼藻纹腰形枕。金代磁州窑鱼藻纹腰形枕鱼纹也是宋金时期人们所喜爱的图案，汉民族喜欢鱼，是取其“年年有余”的谐音，取其吉祥之意，而生活于白山黑水、以游猎为生的女真部落，却也对鱼格外钟情。金代铜镜的图案中，以鱼作主题的很多。此枕以鱼为主题纹饰，也是当时社会生活及社会习俗的反映。此幅绘画中，鱼游弋于水草间，两根水草婉转灵动，似随水流漂浮，游鱼刻画十分生动，尾鳍开张，鱼身摆动，鱼鳞刻画十分生动，是在逆流而上。此鱼不似鲤鱼肥硕，却很刚健，应为山涧湍流中鱼。此枕广东南越王博物馆有类似收藏。

长25　宽19　高10

金代磁州窑柳莺戏鱼八角形枕

Octagonal Pillow of Cizhou Kiln with Willow Warbler & Fish Pattern (Jin Dynasty)

金代磁州窑柳莺戏鱼八角形枕。都说磁州窑是白与黑的艺术，白与黑实际上就是传统中国画的绘画语言，此枕以白色的枕面作宣纸，画出了一幅很有情调的花鸟小品：轻轻摇曳的柳枝头，一只尖嘴的翠鸟，冷眼溪中三条嬉戏的小鱼，长长的柳枝低垂水面，似在与鱼儿呢喃细语。枕面大片留白，给人以恬静安宁的感觉。侧面用流利的墨彩绘出连弧纹。 这幅小品，置于宋代文人花鸟大家的作品中也无愧色。我始终认为，宋元瓷枕中的一些绘画作品，一定有文人雅士的参与，此枕所表现的情调、意趣决非凡夫俗子所能体味。此枕制作精良，画艺高超，应为瓷枕中的逸品。

长30.6　宽21.5　高11

金代磁州窑『曾醉桃源西宴，花落水晶宫殿』诗词枕

Poetry Pillow of Cizhou Kiln (Jin Dynasty)

金代磁州窑“曾醉桃源西宴，花落水晶宫殿”诗词枕。枕面书写《如梦令》一首：“曾醉桃源西宴，花落水晶宫殿，一枕梦初惊，人在光影如电”。原令为“曾醉桃源西宴，花落水晶宫殿，一枕梦初惊，人世光阴如电，飞燕，飞燕，不见当年人面”。此令传为苏东坡所作，但未查到确切出处，如为民间流传，作者当为词令高手，此令感叹人生的短暂和对故人的思念。词的内容和枕巧妙地结合在一起，将枕衍化为一种象征物。此类枕河北峰峰矿区文保所有收藏。

长25　宽23　高11

金代磁州窑黑釉腰圆花卉枕

Kidney-shaped Blak Pillow of Cizhou Kiln with Flower Pattern (Jin Dynasty)

金代磁州窑黑釉腰圆花卉枕。宋代文人画盛行，宋人尚意，在艺术创作上不仅有很强的写实性，有很多现实主义的工笔佳作，而且创立了文人写意画。没骨花卉，使用“不用勾勒，则染色无所依傍”的“没骨法”，也就是不用墨笔勾线，全以色彩染绘的技艺。这种技法，就起源于北宋的徐熙，其孙徐崇嗣使其大大发扬。此枕采用的就是这种“没骨法”。枕用墨笔勾出画框，清新雅致。

长25　宽20　高11

金代磁州窑童子风筝枕

Pillow of Cizhou Kiln with Boy & Kite Pattern (Jin Dynasty)

金代磁州窑童子风筝枕。宋代瓷枕上的绘画风格朴实自然，因为磁州窑的画工们善于观察生活，直接从乡间农家提炼主题，产生了很多古画和画谱上从未有过的清新画面，骑竹马、扑蝴蝶、河塘钓鱼、绣墩打盹、蹴鞠、马戏，都成了瓷枕上常见的体裁。这幅儿童放风筝就是一个乡间生活的再现，简洁的线条，勾勒出一大头娃娃，头上搭拉两条发辫，着肚兜，赤背，在奔跑中回望升起的风筝，儿童的天真、顽皮、可爱跃然而出。手持的拴风筝短杆上有一绕线盘，肚兜和短衫上的图案，都为研究宋代的社会生活及民俗提供了实证。八角形枕枕面有细开片，有裂，枕底有残。磁州窑博物馆有此类收藏。

长30.5　宽21.2　高11

金代磁州窑剔花填釉玉兔朝元八角枕

Octagonal Pillow of Cizhou Kiln with Flower & Rabbit Pattern (Jin Dynasty)

金代磁州窑剔花填釉玉兔朝元八角枕。兔为十二生肖之一，它那温和、阴柔的性格，两只长长的大耳朵，深得古往今来文人墨客的喜爱，捣长生不老药的健康长寿寓意、两兔傍地的爱情寄托、望月而孕的多子多福，都使其成为普通大众心目中的明星，甚至把其捧为“月神”。此八角枕，剔出玉兔朝元图案，几束芦叶低垂成一弧线，似在萧瑟的秋风中微微颤抖，玉兔两只高耸的大耳朵略显夸张，却多了几分可爱，双眼迷离，难怪能多子多孕。剔花技艺是宋元瓷器的重要装饰手段，这个瓷枕用化妆土在灰胎上剔出纹饰，用白色乳状釉施在纹饰上，再罩以透明釉，增强了纹饰的立体感，枕墙也用类似技艺剔出卷草纹，应为宋元剔花瓷器的代表作品。

长28　宽20　高11

金代磁州窑绿釉水波纹黄釉瑞兽莲花枕

Green & Yellow Glazed Pillow of Cizhou Kiln with Wave, Lotus & Lion Pattern (Jin Dynasty)

金代磁州窑绿釉水波纹黄釉瑞兽莲花枕。枕体形硕大，呈长方如意云头形，枕面一边以云纹装饰，一边为内弧形，用篦纹划绘水波纹，枕外侧施黄釉，剔出两朵高浮雕莲花，荷花中间置一飞腾的狮子，刀工熟练犀利。狮子和荷花都是佛教中常用的主题，组合在一起象征禳灾辟邪，更意味着吉祥平安、多子多福。

长39　宽23　高13

金代磁州窑『张家造』竹雀图

Pillow of Cizhou Kiln with Songbird Pattern & Maker's Seal (Jin Dynasty)

金代磁州窑“张家造”竹雀图。在用墨彩勾出的如意形画框内，一只山雀栖于山崖横出的竹枝上，似在求得片刻的歇息，山雀羽毛丰满，圆睁的眼睛表明并未放松警觉；三束竹枝分布画面，似在微风中摇曳，精致而不繁琐；片片竹叶，各取其形，两片竹叶溢出框外，使画面更加生动。整个布局疏密有当，很有水墨画的意味，使人们不得不联想到宋徽宗的《竹雀图》。此枕枕墙绘有流畅的卷草纹，枕底戳有“张家造”款，“张家造”为磁州窑著名作坊。

长25　宽20　高9.7

金代磁州窑童子风筝枕

Pillow of Cizhou Kiln with Boy & Kite Pattern (Jin Dynasty)

金代磁州窑童子风筝枕。婴戏、体育都是瓷枕喜爱反映的民俗题材，可以想见在宋金的时侯，人们有游春、踏青的习俗，更喜欢放风筝这一游戏，从瓷枕画面来看，宋金的风筝还非常精致，富有美感，瓷枕上的鸟形风筝，即使参加今天的淄博风筝节，也毫不逊色。此孩童头上束三个发髻，着一小褂，赤膊赤脚，健康胖硕，跑动中回首凝视风筝，身上的衣带随风飘移，表现了农家孩童快乐、活泼的生活，构成了一幅栩栩如生的乡村小景，使人仿佛置身其间，也回到了青春少儿时代。枕壁用褐彩绘卷草纹，气孔置于外壁。

长31　宽24　高9.8

金代磁州窑白地黑花虎纹长方形枕

Cuboid Black & White Glazed Pillow of Cizhou Kiln with Tiger, Bird & Flower Pattern (Jin Dynasty)

金代磁州窑白地黑花虎纹长方形枕。在枕面上绘出菱花式开光，画框内的老虎后肢蜷伏于地，前肢直立，蹲坐的老虎似在观察四周的形势，寻找觅食的机会，几束干枝，暗示秋风萧瑟，寒意已近，老虎的眼睛已没有了凶猛之气，而多了几分忧郁，似乎有点烦。框外四角配以桃花纹饰，一草一叶，达到意到笔随的境地，而非刻意雕琢堆砌。枕一侧菱形开光，绘山雀栖枝图，另一侧绘牡丹图，均笔法率性潇洒、流利自如。枕底有戳印，似为“张家造”，不甚清晰。看来，善于观察生活的宋代工匠们，与宋代的文人们心有相通之处，也很懂得“凡书画当观韵”，“作画形易而神难”的道理，画只老虎也不只在求形似，而在求其神韵。此类枕磁县博物馆、邯郸博物馆均有收藏，但瓷枕的断代颇有争论，有宋代说，有金元说，各有其理。

长31　宽17　高12.3

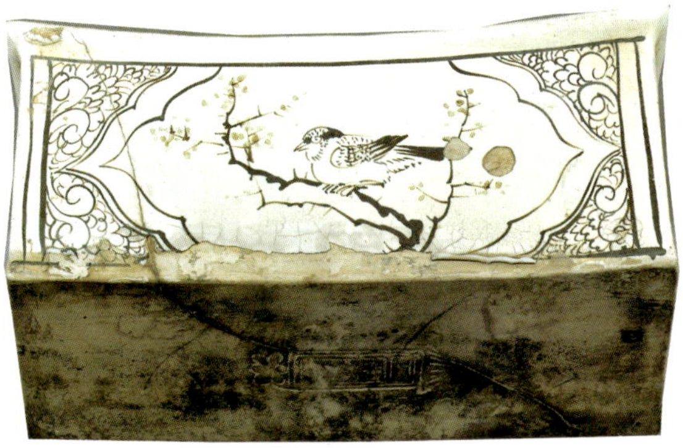

金代山西晋南窑填黑娃娃纹八角形枕

Octagonal Pillow of Jinnan Kiln with Boy Pattern on Black Background (Jin Dynasty)

金代山西晋南窑填黑娃娃纹八角形枕。此枕主题是人见人爱的胖娃娃。宋辽时期，婴戏娃娃是人们喜爱的主题，这具有渴盼多子多福、社会安定平安的含义，又表达了社会对少年儿童的关爱之情。枕呈三联屏风式，中间为主题纹饰娃娃，背景填黑色，娃娃呈坐卧姿，头上梳双花髻，上衣颈、胸部饰花纹，左手上扬，右手持陀螺样玩具，填黑作底。左右两联为大片卷叶花枝，遍布枕面的细开片，平添了几分装饰效果。胎为浅红褐色粗沙质胎。广东南越王博物馆有此类收藏。

长40.3　宽18.3　高12

金代邢窑白釉狮形印花枕

Lion-shaped White Glazed Pillow of Xing Kiln with Flower Pattern (Jin Dynasty)

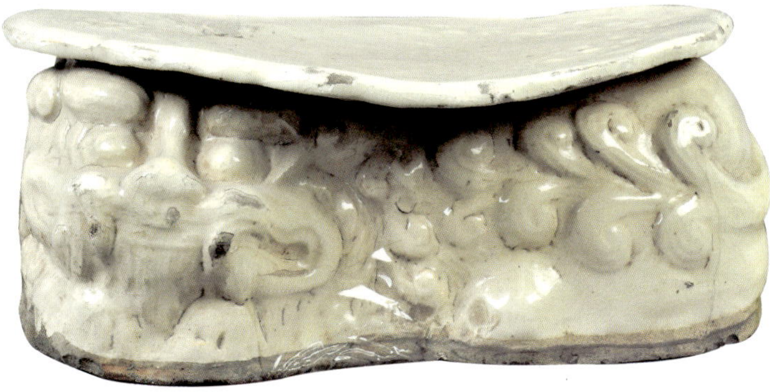

金代邢窑白釉狮形印花枕。此枕胎体轻薄，似为邢窑产品。伏狮背负枕面，双目炯炯有神，尾巴卷曲至腹部作花式状，饶有趣味。在唐宋磁窑中，邢窑以釉白著称，多于磁州窑、邢窑产品中，瓷枕甚少，这正是此枕的难得之处。

长25.5　宽19　高10

金代河南鹤壁窑『虾蟆水上真书出，蛐蟮泥中草写之』诗词枕

Poetry Pillow of Hebi Kiln (Jin Dynasty)

金代河南鹤壁窑“虾蟆水上真书出，蛐蟮泥中草写之”诗词枕。八角枕用黑釉画出双层边框，框内有篦纹装饰，内书“虾蟆水上真书出，蛐蟮泥中草写之”，形容青蛙在水中游泳，就像楷书的“出”字；蟮鱼在泥中滑动，就像在写草书的“之”字。这副对联，非常形象。在陶瓷上书写，不同于宣纸，陶胎在烧制之前，吸水性强，运笔必须迅疾，一气呵成，这恰好暗合了宋代书法要从唐代“尚法”的束缚中解脱出来，体现宋人“尚意”的书法新风。此幅书法，运笔迅疾而有法度，结构纵逸而不逾规，很有颜真卿晚期行书的风格。广东南越王博物馆收藏的类似枕中，“蛐蟮泥中草写之”的“泥”字，为“尼”，少了三点水。有的评论据此认为，磁州窑的工匠们文化不高，写错别字为常态，但用在此枕上，却并不适宜。这只枕上的“泥”字，就不缺偏旁。这说明，这个失误也可能是急中出错，不足为奇，无论从文学还是从书法的角度，这个枕的艺术性是不言而喻的。此枕的外墙绘一圈卷叶纹。

长25.5　宽17.5　高10

虾蟆
水上真書字
蛐蟮泥中草
寫之

金代磁州窑噙枝芦雁腰形枕

Kidney-shaped Pillow of Cizhou Kiln with Wild Goose Pattern (Jin Dynasty)

金代磁州窑噙枝芦雁腰形枕。在陶瓷器上作画，源远流长，从四千年前的马家窑彩陶，到长沙窑的釉下绘画，都构成了中国绘画史的重要组成部分。而磁州窑，特别是瓷枕上的绘画，较为全面地反映了宋代绘画的技艺和特点。从这幅噙枝芦雁的小品，我们就可以看出，磁州窑的画工们，善于观察生活，有很强的写实能力。磁州窑绘画的艺术技巧和风格，对后世的艺术家，从明代的徐渭，到后来的八大山人、扬州八怪，都产生了很大的影响。特别是许多当代杰出的艺术家，林风眠、董希文、张光宇、黄胄、罗工柳、韩美林等，都曾直接从磁州窑的绘画中汲取营养。被称为“大自然歌者”的林风眠自己就曾说过，他去法国学画，并没有成功，很多养料其实主要是“从中国古代的壁画、器具、石刻、瓷器，特别是古瓷等传统艺术上得来的”。我们在林风眠的很多作品中，都可以看到磁州窑流畅、快捷的线条，以及意远神驰、稚拙变形的写意艺术。此枕枕面有裂，枕壁绘卷草纹。首都博物馆、上海博物馆、磁州窑博物馆，以及广东南越王博物馆等，均有此类枕收藏。

长26　宽20　高8.5

金代井陉窑天鹅填红海棠形枕

Cherry-apple Flower Shaped Pillow of Jingxing Kiln with Swan Pattern (Jin Dynasty)

金代井陉窑天鹅填红海棠形枕。枕面呈海棠形，勾划出两个区间，内区的主题纹饰，是一只天鹅。宋人爱鹅，君子“四爱”图中，就有王羲之爱鹅之说，骆宾王七岁所作“鹅鹅鹅，曲项向天歌”，在民间广为流传，三岁孩童即能背诵。此枕以此为主题纹饰，自然能深得家长、孩童的喜欢。鹅身下两朵流云飘逸，天鹅双翅舒展，象征在蓝天翱翔，口喙微张，脖颈曲成一道弧线，真有点向天歌的味道。外区戳印出19朵梅花。所有的划花线条，均以填红使之更具装饰效果。外区戳印图案装饰技法，以井陉窑采用最多。

长24　宽20　高9.5

金代褐彩虎纹卧虎枕

Crouching Tiger-shaped Brown Glazed Pillow
(Jin Dynasty)

金代褐彩虎纹卧虎枕。崇虎的风尚与传统的中国文化有关，汉代就推崇四神，又称四灵，“青龙、赤虎、朱雀、玄武”，赤虎排在第二，“左龙右虎辟不祥”是汉代铜镜常见的铭文，到了金代，这样一种社会风俗和大众审美心理，与金人能骑善射，形成“秋捺钵”，即秋天狩猎的生活习俗相结合，使民俗产物的虎枕，很自然地在金代流行开来。这个虎枕通体用黑彩画出虎纹，十分流畅，虎纹一笔画下，带有流动和波折，表现出天然纹路和质感。虎头上有王字，显示其王者之风。南越王博物馆有一类似的收藏，定为山西长治窑。

长38　宽16　高11

金代红绿彩残枕

Red & Green Glazed Pillow Face
(Jin Dynasty)

金代红绿彩残枕。红绿彩是陶瓷装饰上最早出现的釉上彩工艺，金代时这项工艺达到鼎盛。它将施有白色化妆土的瓷器烧成后，再以钒红为彩料，绘出纹样，点上黄绿等彩，二次入窑烧制。红绿彩鲜艳夺目，艳而不俗，成为后世五彩、粉彩、釉里红等之先河。此六方枕，虽枕底有失，但枕面完整，用红彩绘出边框，两枝菊花左右斜出，朵朵花瓣及花叶均用红彩勾出边线，分别填以黄色和绿色，色彩艳丽而又清新脱俗，好似山崖上的两朵野菊花，让人顿生爱怜之意。枕底已失，尚未作石膏修补，虽残犹珍。

长17.5　宽10.8　高（瓷片）

金代鹤壁窑『碧云天，黄叶地』诗词枕

Poetry Pillow of Hebi Kiln (Jin Dynasty)

金代鹤壁窑“碧云天，黄叶地”诗词枕。枕上词牌为《苏慕遮》，作者范仲淹。全词为：“碧云天，黄叶地，秋色连波，波上寒烟翠。山映斜阳天接水，芳草无情，更在斜阳外。黯乡魂，追旅思，夜夜除非，好梦留人睡。明月楼高休独倚，酒入愁肠，化作相思泪”。这首词通过秋景的描绘，书写了诗人的离乡之愁、弃国之忧。碧云、黄叶、翠烟，渲染夕阳下的秋景，乡魂、旅思、愁肠、相思泪，映衬出客乡离愁。相思离愁，表达了对生活和自然的热爱；离情可伤，却柔而有骨，不失胸襟的开阔。这样的宋词出现在宋金的瓷枕上，寄托和表达了时人期望国家统一、社会安定的情感。黯然感伤的他乡之魂，追逐旅居异地的秋思，都引起了人们的共鸣。瓷枕上的诗文丰富多彩，甚至可以说就是一个简本的唐宋元文学史。在这方瓷枕上，选中范仲淹的《苏慕遮》，可见人们对这位怀抱“先天下之忧而忧，后天下之乐而乐”的著名诗人的崇敬之情。此枕的书法有明显的“黄庭坚”体痕迹，尤为漂亮，可圈可点。摩崖石刻墓志都可以成为人们习字、临帖的范本。写在枕面上的古代书法，是不是也应该走进中国书法的殿堂。枕侧绘卷草纹，流畅自然。

长24.7　宽18.5　高10.5

碧雲天黃葉地
秋色連波波上寒煙
翠山映斜陽天接水芳
草無情更在斜陽外
黯鄉魂追旅思夜夜除非
好夢留人睡明月樓高
休獨倚酒入愁腸化
作相思淚
蘇幕遮

金代磁州窑系卧虎芦塘秋禽枕

Tiger-shaped Pillow of Cizhou Kiln with Reed & Bird Pattern (Jin Dynasty)

金代磁州窑系卧虎芦塘秋禽枕。此枕与上海博物馆所藏枕极其相似，其图案与上博枕大同小异，似为同一工匠所绘。上博枕已定为国家一级文物，收录于《中国文物定级图典》（一级品），国务院新闻办和国家文物局编辑的《大圣遗音——中国古代最美的艺术品》和文物出版社出版的《中国记忆——五千年文明瑰宝》均已收录。《大圣遗音》在介绍上博枕时用了这样一段优美的文字："这一件瓷枕的可爱，在于它把民间美术的天真稚拙之趣，与意境清远的宫廷花鸟画结合于一体，枕体塑成卧虎，怒目龇牙，神态逗人，虎纹的描绘极具装饰效果。但枕面却俨然一幅花鸟小品画，以娴熟的笔触，绘一小鸟立于汀沙上，返颈望向半空中一对上下交飞的秋雁，远近浅草丛生，物象寥寥，而境界幽旷"。此枕与上博枕相比较，釉色有些偏黄，眼框不是点墨点，而是施以线条，口中露齿，甩到身体一侧的尾巴，尾尖点白，更显调皮。唯枕面有裂纹，似有遗憾。宋代的花鸟画在宋徽宗的大力倡导和宫廷院体画家的示范下，使从唐代开始的花鸟画臻于成熟，就连民间工匠画出的花鸟，用笔也都活泼生动、简练奔放，充满生活气息。上博枕枕底有墨书："大定二年六月廿六张家"。虽是买家随手写下，却无意中为今天这类瓷枕的断代，作了个明确的了断。

长37　宽19　高11

金代山西窑剔花牡丹梅花形枕

Plum Blossom Shaped Pillow from Shanxi with Carved Peonies (Jin Dynasty)

金代山西窑剔花牡丹梅花形枕。“惟有牡丹真国色，花开时节动京城”，牡丹自隋而入唐，深为武则天所爱，以至在唐代形成了举国若狂赏牡丹的景象，被视为国花，至有宋一代，牡丹取其富贵之意，深为大众所爱。瓷枕上以牡丹为题材的甚多，此枕应为山西地区窑场出品。枕面中心开光内一剔花折枝牡丹，画面突出，剔地露胎，施以化妆土、罩以透明釉的白色牡丹与衬底的露胎棕色形成强烈的反差，牡丹花瓣与枝蔓流畅、飘逸，足见工匠有很强的艺术审美能力。枕墙长框内设一小枝花卉，清新典雅，与枕面牡丹的艳丽相呼应，饶有意趣。

长23　宽21　高12

金代黑釉猴王雕塑枕

Monkey-shaped Black Glazed Pillow (Jin Dynasty)

金代黑釉猴王雕塑枕。宋元雕塑枕以狮枕、虎枕居多，以猴为枕，甚为少见。此枕色黑如漆，胎底黄中泛白，漆器般的素雅效果，符合宋代的美学追求，猴王造型生动，眼睛尤见精神，口大张，很有点“山中无老虎，猴子称霸王”的味道，可以说，这是一件宋元民间匠人优秀的雕塑作品。黑釉在唐宋时期十分流行，但见诸瓷枕的相对较少，此枕胎土，如果淘洗更白一些，那就可视为黑定。

长38　宽18　高11

金代绿釉『雪消梅瘦弄春时，正是上元天』诗词枕

Green Glazed Poetry Pillow (Jin Dynasty)

金代绿釉“雪消梅瘦弄春时，正是上元天”诗词枕。全词为“雪消梅瘦弄春时，正是上元天，（虎）铺十里，花光流星，坠（尽）作金连地，游人来往神仙，（情）尽变（否）瑞尽窄，且倚香风里，年携佳人臂 。词寄探春令”。该词未查到出处，但内容反映春天到来时，雪消梅瘦，又是上元天，也就是元宵节，夜晚人们要观灯，花光流星，鲜花铺地，游人如织，徜徉在春光里，携着爱人的手臂，风里倚香，活脱脱一幅古代闹元宵景象，真是浪漫之至。此枕施以绿釉，正是为了衬托春天的景象。此枕似为磁州窑系的河南窑产品。

长31.7　宽20　高12

金代磁州窑『四时八节』八角文字枕

Octagonal Pillow of Cizhou Kiln with Chinese Calligraphy (Jin Dynasty)

金代磁州窑“四时八节”八角文字枕。此枕为小枕，又比脉枕稍大，当为儿童所用。《礼记·孔子闲居》：“天有四时，春、秋、冬、夏”，八节，指立春、立夏、立秋、立冬、春分、夏至、秋分、冬至。中国古代作为农耕社会，节气有非常重要的意义，误了节令，也就误了农时，所以把这四时八节书写在瓷枕上，使儿童从小就有节气观念。枕呈八角状，墨彩绘出双框，底部有残失。

长21.3　宽13.5　高8.2

金代磁州窑白釉『夜静水寒鱼不食』诗词枕

White Glazed Poetry Pillow of Cizhou Kiln (Jin Dynasty)

金代磁州窑白釉“夜静水寒鱼不食”诗词枕。枕面用篦线划出三重线框，内书“夜静水寒鱼不食，满船空在（载）月明归”，此两句出自唐“船子和尚”德诚禅师诗，此诗营造的意境很有禅味。《杨永德伉俪捐赠藏枕》一书中将此枕解读为：“水寒鱼小念存静，满空花月明诗”，此两句似有误。书家为民间匠人，书法虽流畅，但不够规范。德诚禅师并非唐诗大家，而此联能广为流传，可见唐诗在宋代的普及程度很高。“月静水寒”、“空在（载）”都营造了佛教的空灵气氛。

长26　宽21.3　高12

金代磁州窑黑彩芦雁图八角形枕

Octagonal Pillow of Cizhou Kiln with Black Wild Goose Pattern (Jin Dynasty)

金代磁州窑黑彩芦雁图八角形枕。磁州窑的绘画枕，把宣纸移植到了陶瓷枕面上，画工挥洒自如，线条直率快捷，富有情趣，尤其是表现自然的小品，形象生动，求其神似。此枕面上的芦雁图，两枝芦苇向左右两侧伸展，形成优美的弧线，大雁悠静安闲，回颈遥望，寥寥数笔，勾勒出一幅墨酣意尽的水墨小品，可见工匠们的巧妙构思和熟练技艺。画工在技艺上的创新，对后世的艺术家产生了很大的影响，我们从明代的绘画大师徐渭、清代的八大山人，以及扬州八怪、石涛等人的绘画中，都可以看到磁州窑工匠写意画风的影子，谁能说这些没有留下姓名的画工们，不是开宗立派的大师呢。此枕呈八角形，墨彩绘双框，枕墙绘卷草纹，枕底有残失。

长21　宽13.3　高8.2

金代磁州窑黑彩虎纹八角形枕

Octagonal Pillow of Cizhou Kiln with Black Tiger Pattern (Jin Dynasty)

金代磁州窑黑彩虎纹八角形枕。磁州窑是黑与白的艺术，以白地黑花见长。这个枕面就画了一只虎，黑白两色，没有更多颜色的渲染，但并不显得单调。这只伏虎的造型非常准确，运用写实的手法，使画面主题突出，形象完整，不琐碎紊乱，比较典型地体现了磁州窑的艺术特点和精神。宋代院体系派画家多以花鸟见长，《宣和画谱》记录了宋30位花鸟画家，所画题材达200多种，然鲜见画虎者，民间画匠，刚好做了个补充。此枕呈八角状，枕面有裂。

长28　宽18.3　高10

金代山西晋南窑『为争三寸气，白了少年头』诗词枕

Poetry Pillow of Jinnan Kiln (Jin Dynasty)

金代山西晋南窑“为争三寸气，白了少年头”诗词枕。反映了金代在异族统治下，人们的消极遁世、明哲保身的消极心理，此类劝导世人的民间俚语，在瓷枕上反映甚多，使瓷枕也承载了一种教化功能。枕上文字用竹笔划出，并圈出外框，简洁大方。枕呈腰形，施白釉。

长33　宽15　高11

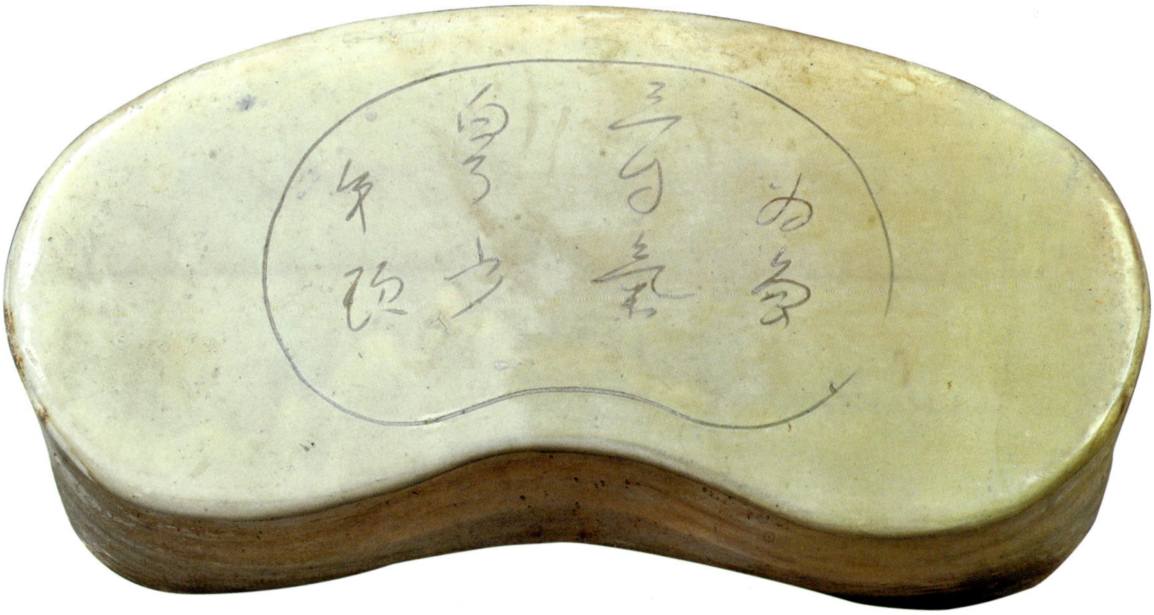

金代山西晋南窑花枝叶蔓虎形枕

Tiger-shaped Pillow of Jinnan Kiln with Branch & Leaf Pattern (Jin Dynasty)

金代山西晋南窑花枝叶蔓虎形枕。此类枕集雕塑与绘画于一身，枕面绘出花枝叶蔓，错落有致，富有美感。枕呈卧俯状，黑红釉上施墨彩，绘出虎纹，双眼圆睁，刚武雄健，既有王者之风，又不失俏皮可爱。置于床头，既能驱魔辟邪，又能深得儿童喜爱，还是一个很好的居室装饰，今天，更成为各个博物馆争相收藏的喜爱之物。枕面破裂处用石膏修复。此类枕磁州窑系的山西窑和河南窑均有烧制，应为当时流行之物。

长34　宽15　高9

金代河南窑三彩子母双狮枕

Lion Based Tri-color Glazed Pillow of Henan Kiln (Jin Dynasty)

金代河南窑三彩子母双狮枕。狮子是从西域传来的外来动物，尤其在唐代，被视为最具神奇色彩的兽中之王，唐朝虞世南奉旨作《狮子赋》：“瞋目电曜，发声雷响，拉虎吞貔，裂犀分象”，宋金时期，狮仍为人们所爱，瓷枕以双狮作枕底的颇为多见。此双狮枕为绿釉，双狮头部间施黄釉和白釉，眼睛点黑彩，两狮中间施黄釉携一幼狮，这就是后来延续到有清一代的吉祥图案“太狮少保”，绿釉因为含铅，泛出银色，使釉面晶莹美丽，气孔置于背部。广东南越王博物馆有类似枕收藏。

长31　宽16.8　高12

金代山西晋南窑剔花牡丹枕

Pillow of Jinnan Kiln with Carved Peonies (Jin Dynasty)

金代山西晋南窑剔花牡丹枕。枕面呈四瓣梅花形，剔出大叶牡丹，露胎，施化妆土做底，上罩透明釉。牡丹国色天香，被称为“百花之王”，艳冠群芳，尤其在唐代，唐高宗时，就有宴群臣赏牡丹的传统。传说武则天把长安牡丹贬到洛阳，而事实是，武则天把牡丹移植宫苑，使牡丹在长安大盛。宋时，虽皇室对牡丹不再推崇，而民间对牡丹的喜爱却未消减。瓷枕上形形色色的牡丹装饰，反映了普通大众对牡丹的喜爱，被尊为国花的地位从未动摇。此枕枕边有残，但主体图案未损，褐红色的底，与白色的牡丹形成强烈的色差，使主题纹饰更加突出。此图案用在当今的设计上，依然时尚。

长28　宽27.6　高11

金代河南当阳峪窑剔花双鸭戏水腰形枕

Kidney-shaped Pillow of Dangyangyu Kiln with Carved Flowers & Ducks (Jin Dynasty)

金代河南当阳峪窑剔花双鸭戏水腰形枕。枕面极富装饰性，四片变形莲叶连缀成外框，象征莲塘，莲叶下两只戏水小鸭，用简笔绘出，悠然自得，工匠有很强的绘画造型能力，再配以剔花装饰工艺，使多重的曲线构成立体透视效果，外圆内方，明暗相间，整体构思巧妙，富有想象力，极具现代设计美感，此设计可以写入中国工艺美术史，堪称经典。

长24　宽21.2　高11.8

金代磁州窑麒麟腰形枕

Kidney-shaped Pillow of Cizhou Kiln with Kylin Pattern (Jin Dynasty)

金代磁州窑麒麟腰形枕。麒麟是中国古代传说中的瑞兽，与凤、龟、龙共称为“四灵”，一般认为是头上有角，足下有蹄，既有狮子般的勇猛，又有给人带来吉祥的温顺，所以常常被当做神的“坐骑”。正因为麒麟是想象中的神兽，就给了人们很大的创作空间，每个人都有自己心目中的麒麟。明清时出现的“麒麟送子”的图案，麒麟已经尽失勇猛之气，就像只温顺的宠物。这只宋金时期的麒麟，极具动感，勇猛向前。我们不能不感慨中国绘画线条艺术的魅力，寥寥数笔，就勾勒出了这样十分生动的瑞兽形象。瓷枕是实用的工艺品，工匠们不能不依赖工艺的简洁和技艺的熟练，以求得又多又美的产品。这就使得近年风行世界绘画的简约主义，早在宋金时期就被中国工匠们大大地发扬。

长24　宽17.8　高7.6

金代山西榆次窑绿釉鹿纹六角形枕

Hexagonal Green Glazed Pillow of Yuci Kiln with Deer Pattern (Jin Dynasty)

金代山西榆次窑绿釉鹿纹六角形枕。枕呈菱形六角状，枕面施绿釉，主题纹饰为一梅花鹿回首，与攀援在枝头上的孩童呼应相望。中国传统文化中，鹿为吉祥动物，常相伴在南极老人等寿星旁，象征长寿，“鹿”又与“禄”同音，取其福禄寿的吉祥之意。在中国佛教神话中，更有九色鹿舍身救人，反遭陷害，最后坏人终得报应的本生故事。在中国古代著名的文学经典《诗经》中，也有关于鹿鸣的描写，著名的南宋画家马和所作的“鹿鸣之什图”，就是描写群臣欢聚，溪谷间鹿鸣呦呦的景象，此枕面所反映的正是这样的内容。鹿身打出梅花点。枕墙模印方格锦花纹，这正是山西窑特有的装饰技法。

长31.2　宽15.2　高10

金代河南当阳峪窑绿釉荷花腰形枕

Kidney-shaped Green Glazed Pillow of Dangyangyu Kiln with Lotus Pattern (Jin Dynasty)

金代河南当阳峪窑绿釉荷花腰形枕。枕施绿釉，翠滴如水，用五条篦线划出内框，一枝荷花亭亭玉立，两侧荷叶斜出，下端大片荷叶舒展，形成对称画面，这正是中国美术审美观念中的和谐美。用绿釉象征荷塘，使瓷枕营造出了李白诗里的“竹色溪下绿，荷花镜里香”的意境。象征也是中国绘画中的一种重要表现手段。绿釉荷花枕，自有一种象征意义。

长26.5　宽18.5　高10.8

金代河南扒村窑妇人花卉枕

Woman-shaped Pillow of Bacun Kiln with Flower Pattern (Jin Dynasty)

金代河南扒村窑妇人花卉枕。此枕式河南扒村窑、山西长治窑均有烧制。枕呈卧妇状，背负枕面，绘一折枝菊花，妇人浓眉大眼，面目丰满，具有典型北方村妇的形象，头发中分，用黑釉画出，枕侧用墨彩绘出花衣，一派喜庆福相。类似枕陕西省博物馆、上海博物馆、山西长治博物馆和美国亚洲博物馆、日本东京出光美术馆等均有收藏。

长35　宽13　高9.5

金代三彩雕塑虎形枕

Tiger-shaped Tri-color Glazed Pillow (Jin Dynasty)

金代三彩雕塑虎形枕。此枕用黄、绿、墨三色彩釉，釉面晶莹，流淌自然，斑斓绚丽，额头部用墨彩绘一“王”字，枕面留白，似有意为之，以烘托三彩效果。此枕窑址未明，似为磁州窑系河南窑场作品。

长31　宽14.2　高11

金代山西晋南窑剔花牡丹腰形枕

Kidney-shaped Pillow of Jinnan Kiln with Carved Peonies (Jin Dynasty)

金代山西晋南窑剔花牡丹腰形枕。剔花工艺是宋代瓷器装饰的重要手段，山西晋南窑以制作剔花牡丹枕见长，此枕所剔折枝牡丹，露灰褐色胎，施化妆土后，罩透明釉，与白色的牡丹形成强烈的色彩反差，画面疏密有致，刻工熟练流畅，有粗犷豪放的装饰效果。枕面呈腰圆形，内画四瓣梅花框。广东南越王博物馆、河北省博物馆以及首都博物馆均有类似枕收藏。

长25.2　宽21.8　高12

金代定窑划花牡丹腰形枕

Kidney-shaped Pillow of Ding Kiln with Carved Peonies (Jin Dynasty)

金代定窑划花牡丹腰形枕 。定窑是宋代五大名窑之一，划花装饰是它常用的技法。此枕胎薄，手头较轻，画出两枝相向开放的荷花，六根篦线划出内框，内外框之间为变形花卉。定窑系的作品一般比较素雅，呈现的是一种宋人崇尚的雅致美。

长25　宽23　高13.2

金代河南鹤壁窑三彩猴戏图枕

Tri-color Glazed Pillow of Hebiji Kiln with Monkey Playing Pattern (Jin Dynasty)

金代河南鹤壁窑三彩猴戏图枕。枕面用两条篦线内施黄釉分成内外框，外框施绿釉，内框用拟人化的手法，划出两只猿猴，一立一坐：坐者头顶花枝，立者手拿仙桃；用绿釉划出草地和树木，使人不禁想到西游记中的花果山，营造了猿猴相揖别的场景，趣味盎然。两只猿猴施黄釉，寥寥数笔勾勒出毛的质感。此图案为仅见，似有故事待考。在中国传统文化中，猴的形象称为“寿徵”，象征长寿。《抱补子》玉策记称：“山中主人曰人君者猴也，猴寿八百岁”。枕壁施半釉，露粉红胎。

长30　宽19.5　高10.5

金代孔雀蓝釉卧狮枕

Crouching Lion-shaped Peacock Blue Glazed Pillow (Jin Dynasty)

金代孔雀蓝釉卧狮枕。狮子造型威严，双目炯炯有神。狮子虽是外来动物，但在中国民间传说中，却与龙相提并论。《唐国史补》载：“开元末，‘西国’献狮，途中系于井侧树干，‘狮子哮吼，若不自安。俄顷风雷大至，果有龙出井而去’”。孔雀蓝釉多施以梅瓶，见之瓷枕甚少。孔雀蓝釉系低温烧成，易脱釉，故此瓷枕脱釉甚多。枕面划一大荷叶，施黑釉，也很有味道。窑址不祥。

长28.8　宽14.6　高15.6

金代山西晋南窑剔花牡丹三彩六角枕

Hexagonal Tri-color Glazed Pillow of Jinnan Kiln with Carved Peonies (Jin Dynasty)

金代山西晋南窑剔花牡丹三彩六角枕。三彩剔花枕是山西晋南窑最有特色的产品，剔花图案丰富多样，除有花卉外，还有人物。此枕的牡丹大气疏朗，用白釉勾出六角形双层外框，牡丹叶片呈浅绿，舒展开来衬托花朵；牡丹花瓣施黄釉，尽显高贵；枕面以墨绿色作底，像是铺了一块天鹅绒。枕侧为模印方格菱花纹，整体构思巧妙，工艺精致，当为三彩枕精品。胎为粉红色胎。广东南越王博物馆、山西省博物馆等均有此类枕收藏。

长29.5　宽11.5　高9

金代山西晋南窑折枝花卉『怀着日月，秀毓山河』诗词腰形枕

Kidney-shaped Poetry Pillow of Jinnan Kiln with Flower Pattern (Jin Dynasty)

金代山西晋南窑折枝花卉“怀着日月，秀毓山河”诗词腰形枕。工匠用娴熟的技艺用褐彩在枕面绘出一枝花卉，花朵呈六瓣，似为菊花，六瓣叶片均为一笔绘成，洒脱简洁，构图轻灵、流畅。此枕的特殊之处在于，施釉完成后，工匠又用竹笔在花卉两侧，刻出“怀着日月，秀毓山河”两句，反映了在金代处于异族统治下，工匠怀念祖国大好河山的爱国情怀，以及国家兴亡、匹夫有责的忧患感。枕面用篦线划出内框，化妆土上施乳白釉，为磁州窑的典型产品。

长23.6　宽20　高12.5

懷着日月
香繞山河

金代磁州窑绿釉剔花填黑腰形荷花枕

Kidney-shaped Green Glazed Pillow of Cizhou Kiln with Carved Lotus on Black Background (Jin Dynasty)

金代磁州窑绿釉剔花填黑腰形荷花枕。枕呈腰形，中间一枝荷花，开放热烈，左右两枝荷花含苞待放，下侧一片荷叶，舒展、肥硕，与荷花相互映衬。底露胎，填以黑色，衬出荷花图案更加醒目。此枕通体施绿釉，寓意高洁，整个图案富有流动性，展现了一种婀娜多姿的曲线美，布局紧凑，而不显繁缛。因水沁，枕面绿釉有浸蚀感，但也造成了一种色彩浓淡相间的特殊效果。绿釉剔花填黑的工艺，磁州窑系有不少窑场采用，但以山西焦城窑最为有名。

长27.8　宽22.8　高13

金代白地黑花『敕鬼』符文梅花形枕

Plum Blossom-shaped Pillow with Black Floral Design & Chinese Calligraphy on White Background (Jin Dynasty)

金代白地黑花“敕鬼”符文梅花形枕。将道教的符咒艺术化地表现在瓷枕上，“敕鬼”具有驱鬼镇邪的作用，所谓“敕鬼符”就是毛笔蘸朱砂画在黄纸上，敕命妖魔鬼怪赶快避开。在一个金代的瓷枕上，书写道教的符咒，显然有祈求家人平安、驱鬼镇邪的作用。可见道教文化在当时也很流行。“敕鬼”二字，已被艺术化了，配以火焰纹，产生了一种特殊的图案效果。为中国古代瓷枕文化注入了特殊的内涵。枕呈梅花状，随外框绘波浪流水形内框，枕壁饰卷草纹，釉面有细碎小开片。故宫博物院和广东南越王博物馆有类似枕收藏。

长25　宽21　高10.7

朝兒

金代山西榆次窑绿釉八角『细草烟深暮雨收，牧童归去倒骑牛』诗词枕

Octagonal Green Glazed Poetry Pillow of Yuci Kiln (Jin Dynasty)

金代山西榆次窑绿釉八角“细草烟深暮雨收，牧童归去倒骑牛”诗词枕。此枕出自磁州窑系彭城窑，诗句为“细草烟深暮雨收，牧童归去倒骑牛”，诗文尚未查到出处，但书法流畅、娴熟，内容高雅，意境幽远，好似一幅淡淡的水墨画浮现眼前，不大像是民间艺人所作。磁州窑文化丛书中的《磁州窑诗词》一书中收有类似枕。

长25.3　宽15.3　高9.3

金代磁州窑三彩婴戏荷花六角形枕

Hexagonal Tri-color Glazed Pillow of Cizhou Kiln with Baby & Lotus Pattern (Jin Dynasty)

金代磁州窑三彩婴戏荷花六角形枕。用两条细线浅刻出六角形边框，枕面分置两组荷花，一组荷花绽放，另一组一童子立于花丛中，面部未施釉，清秀可爱。两朵莲蓬左右相对，均施赭黄釉，大片荷叶施以绿釉，底露胎，白中泛红，整个画面清丽可人。童子与莲的图案，与佛教传入中国的“化生”之说“莲花生子”有关，又反映了中国传统文化中的的多子多福、“莲（连）生贵子”的社会习俗。童子执莲图案始见于唐，宋金时期尤为流行。枕侧施半釉，刻缠枝牡丹图案。胎为粉红胎，着化妆土。底有“张家造”款。

长27.5　宽12.8　高7.6

金代三彩卧佛麒麟双凤八角雕塑枕

Octagonal Tri-color Glazed Pillow with Carved Buddha, Kylin & Phoenixes (Jin Dynasty)

金代三彩卧佛麒麟双凤八角雕塑枕。枕面呈八角状，施绿釉，划出水波纹，泛铅析出银光。枕墙前侧雕出卧佛一尊，右手托腮，横躺于卧榻之上，神态安详，使人不禁联想到敦煌莫高窟的卧佛。后侧雕出双凤图案，衬底和边框饰以回纹等装饰图案，显得富丽堂皇。左右两侧饰以麒麟戏绣球，麒麟尾巴高耸，造型生动，旁侧立一枯树。枕侧施黄釉到底。此枕应为磁州窑系河南窑产品。

长33.5　宽20　高12.5

金代河南鹤壁窑三彩花卉纹腰形枕

Kidney-shaped Tri-color Glazed Pillow of Hebi Kiln with Flower Pattern (Jin Dynasty)

金代河南鹤壁窑三彩花卉纹腰形枕。枕呈腰形，用六条篾线划出内外框，篾线施黄釉，色彩鲜艳，外框施绿釉，饰以流云纹。框内在施白色化妆土的枕面上，剔出折枝花卉，花形似牡丹，叶片似芍药，芍药的花形与牡丹大同小异，花点黄釉，叶施绿釉，黄花中有绿蕊，黄花绿叶衬在白色的枕底上淡雅清秀，疏朗有致，赏心悦目。枕墙施半釉，露半截胎，胎体轻薄，整体造型规整。

长35　宽24.5　高12.8

金代磁州窑铁锈花虎形『春眠不觉晓，处处闻啼鸟』诗词枕

Tiger-shaped Rust-red Poetry Pillow of Cizhou Kiln (Jin Dynasty)

金代磁州窑铁锈花虎形“春眠不觉晓，处处闻啼鸟”诗词枕。此枕以铁锈花彩装饰。 铁锈花彩是用含有氧化铁的斑花石作颜料，在瓷坯上描绘图案，经高温烧制而成。在高温烧制过程中，铁晶体呈现出斑斓的铁锈红色、赭色等。铁锈花为北方磁州窑系宋、元、金时期的特有品种。此枕使用的褐彩，正是含铁，绘出的虎纹呈现斑斓的铁锈红色，十分绚丽。枕面书孟浩然诗一首，全诗为：“春眠不觉晓，处处闻啼鸟，夜来风雨声，花落知多少”。唐诗在宋元时非常流行，通过此枕上的诗，我们也可以一窥时人对唐诗的喜爱及审美情趣。该诗语言明白晓畅，贴近生活，情景交融，意味隽永。此虎形枕与山西窑场的产品有所不同，少了些威猛的霸气，却多了几分温顺可爱。

长25.5　宽14.5　高9

春眠不覺曉
處處聞啼
鳥夜來風雨
聲花落知
多少

金代双虎头绘画雕塑枕

Tiger Head Shaped Pillow with Duck Pattern (Jin Dynasty)

金代双虎头绘画雕塑枕。枕两侧塑出虎头，此种造型不多见。虎枕枕面绘一小鸭浮游水汀之中，似为“春江水暖鸭先知”，这样的画面绘于凶猛的老虎之上，使人忍俊不禁。虎枕两侧模印狮子等瑞兽图案，全枕施白色乳状釉，又用铁锈花绘出图案予以装饰，在宋元虎形枕中，也算别具一格。灰胎底，有窑裂。

长36.5　宽18　高10

金代山西浑源窑八角『白日依山尽，黄河入海流』诗词枕

Octagonal Poetry Pillow of Hunyuan Kiln (Jin Dynasty)

金代山西浑源窑八角“白日依山尽，黄河入海流”诗词枕。枕呈八角状，枕面出沿，通体施白釉，枕面以白细线划分三区，两侧用褐彩绘卷草纹，中间书唐代王之涣《登鹳雀楼》诗一首：“白日依山尽，黄河入海流，欲穷千里目，更上一层楼”。这首诗的书法稚拙，还有明显的错字，显然为文化程度不高的匠人所为，但王之涣的这首《登鹳雀楼》诗脍炙人口，流传甚广，“欲穷千里目，更上一层楼”更是流传千古的佳句。把名诗名句写在瓷枕上，使其在实用功能之外，又成为走进千家万户、传播传统文化的媒介。这类浑源窑枕枕面较大，纹饰精美，有较强的审美性。气孔置于枕侧。

长43.5　宽19　高11.7

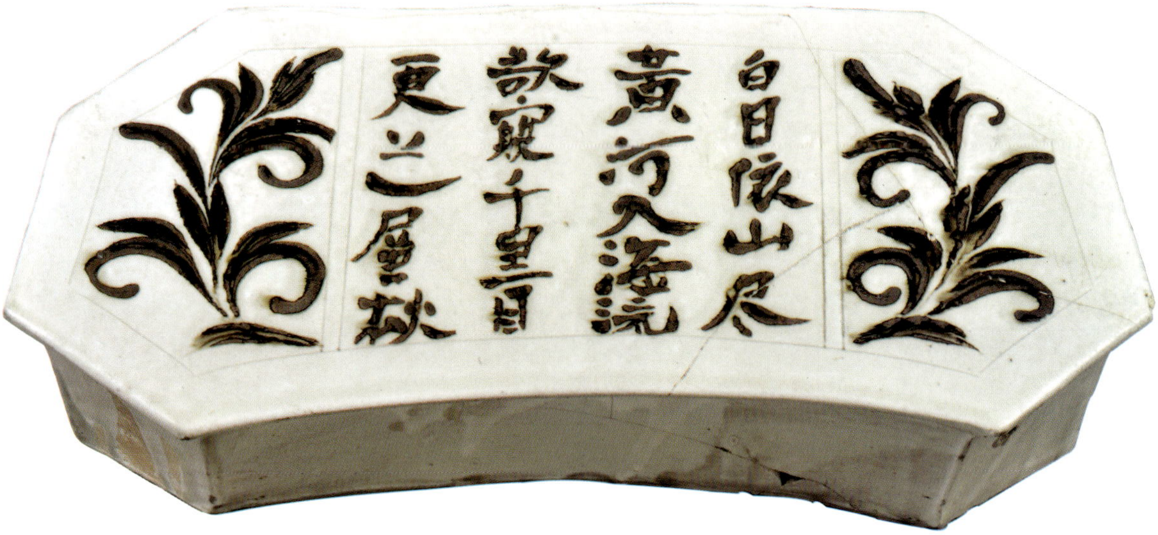
白日依山尽
黄河入海流
欲窮千里目
更上一層楼

金代磁州窑绿釉梅花鹿腰圆形枕

Kidney-shaped Green Glazed Pillow of Cizhou Kiln with Sika Deer Pattern (Jin Dynasty)

金代磁州窑绿釉梅花鹿腰圆形枕。枕呈腰圆形，在篦线划出的内框内，剔出一头卧鹿，回首张望。鹿在中国传统文化中，古传千年为苍鹿，又五百年为白鹿，又五百年为玄鹿，故被视为长寿的仙兽，又因“鹿”与“禄”音同，人们通常“以鹿喻禄”，是荣禄富贵的象征。此卧鹿回颈相望，枕面落英缤纷，间有束锦飘浮，似为八宝图案，长长的鹿角，身上的花斑，通体罩以绿釉，枕墙划折枝花卉，整体给人以美感。气孔设在枕底，少见。

长25.3　宽22.4　高13.5

金代划花胡人驯兽雕塑如意形枕

Cloud-shaped Pillow with Carved Lion,Tamer & Flowers (Jin Dynasty)

金代划花胡人驯兽雕塑如意形枕。枕呈如意状，枕面划出大朵牡丹，枕前侧雕塑胡人驯兽图案，胡人高鼻深眼，横卧执绳，缚住狮子，雕塑立体感强，造型生动。此寓意福（胡）寿（兽）双全，取其谐音。所谓的胡人，其实是昆仑奴，在唐代，曾作为“贡人”大量进入中国，他们一般都有特殊技艺，具有驯狮、驯象等特殊技能。唐代诗人顾况诗吟：“昆仑儿，骑白象，时时锁著狮子项，奚奴跨马不搭鞍，立走水牛惊汉宫”。昆仑奴一说是非洲黑人，经西域进入中国；一说是马来黑人，从南海进贡而来。此应为“昆仑奴驯狮图”。此枕背侧有一小花图案，置气孔。胎体坚硬，未施釉，为素胎，有一种粗犷的效果。此枕应为金代，窑址不详。

长26.4　宽22.8　高13

金代磁州窑缠枝花卉腰圆形枕

Kidney-shaped Pillow of Cizhou Kiln with Flower Pattern (Jin Dynasty)

金代磁州窑缠枝花卉腰圆形枕。这是一个宋金时期磁州窑系瓷器上面常用的图案，它很好地体现了磁州窑黑与白的艺术，虽然色彩简单，用黑彩绘在白色的枕面上，构图清秀，绘画技艺娴熟，虽然只是一枝缠枝花卉，但其飘逸灵动，丝毫没有单调的感觉，很具美感。此枕化妆土上施白釉，枕面整洁干净，恰似一张宣纸。此应为宋金花卉绘画的典范之作。

长25　宽22.4

金代磁州窑如意形『江上绿杨芳草，想见故园春好』诗词枕

Cloud-shaped Poetry Pillow of Cizhou Kiln (Jin Dynasty)

金代磁州窑如意形“江上绿杨芳草，想见故园春好”诗词枕。此枕呈如意形，弧线形边框外绘水波纹。此《如梦令》是宋代爱国词人、曾任参知政事的吴潜所作：“江上绿杨芳草，想见故园春好。一树海棠花，昨夜梦魂飞绕。惊晓，惊晓，窗外一声啼鸟”。情真意切，抒发了诗人触景生情，由江上的绿杨芳草，勾起对“故园春好”的怀念，更以景喻物，寄托了对祖国大好河山的怀念和赞美，“一树海棠花，昨夜梦魂飞绕”想来做的是思乡报国梦。而“惊晓，惊晓，窗外一声啼鸟”，作者的睡梦，不意却被“一声啼鸟”打断，有声有色，大大强化了作者的思乡情怀，读来十分感人。此枕的书法大气流畅，温婉媚雅，潇洒娴熟，多取侧势，扁平稍肥的结体，很有点苏东坡“尚意”书法的味道。枕墙绘卷草纹。此枕集诗词、书法、塑形等为一体，人们可以从中细品宋人的审美情趣，是不可多得的艺术佳品，惜有残。故宫博物院、河北省博物馆等有类似枕收藏。

长27.8　宽21　高10

江上綠楊芳
草想見故園春
好一樹海棠花
昨夜夢魂飛繞
驚曉驚曉窗外
一聲啼鳥
如夢令

金代磁州窑白地墨彩腰圆形『细草烟深暮雨收，牧童归去倒骑牛』诗词枕

Kidney-shaped Poetry Pillow of Cizhou Kiln (Jin Dynasty)

金代磁州窑白地墨彩腰圆形“细草烟深暮雨收，牧童归去倒骑牛”诗词枕。用墨彩勾出内框，以行草书出“细草烟深暮雨收，牧童归去倒骑牛”。诗句内容充满生活气息，“细草烟深暮雨收”好似一幅淡淡的水墨画，十分凝练地勾勒出暮色苍茫的山村雨中小景。而“牧童归去倒骑牛”则是活脱脱地呈现出倒骑牛背的牧童的可爱和调皮。一“收”字，一个“倒”字，真有画龙点睛之妙。可以说，两句诗十四个字就是一篇完整的散文。遍查唐诗宋词，这两句诗未见出自哪位名家的手笔，很难相信这竟是民间工匠的创作。其手法也很有黄庭坚书风的笔意。如果不是写在瓷枕上，而是一件传世的书法，想必在哪个拍卖会上，都会卖个天价。枕底有残缺。

长26　宽21.3　高13.2

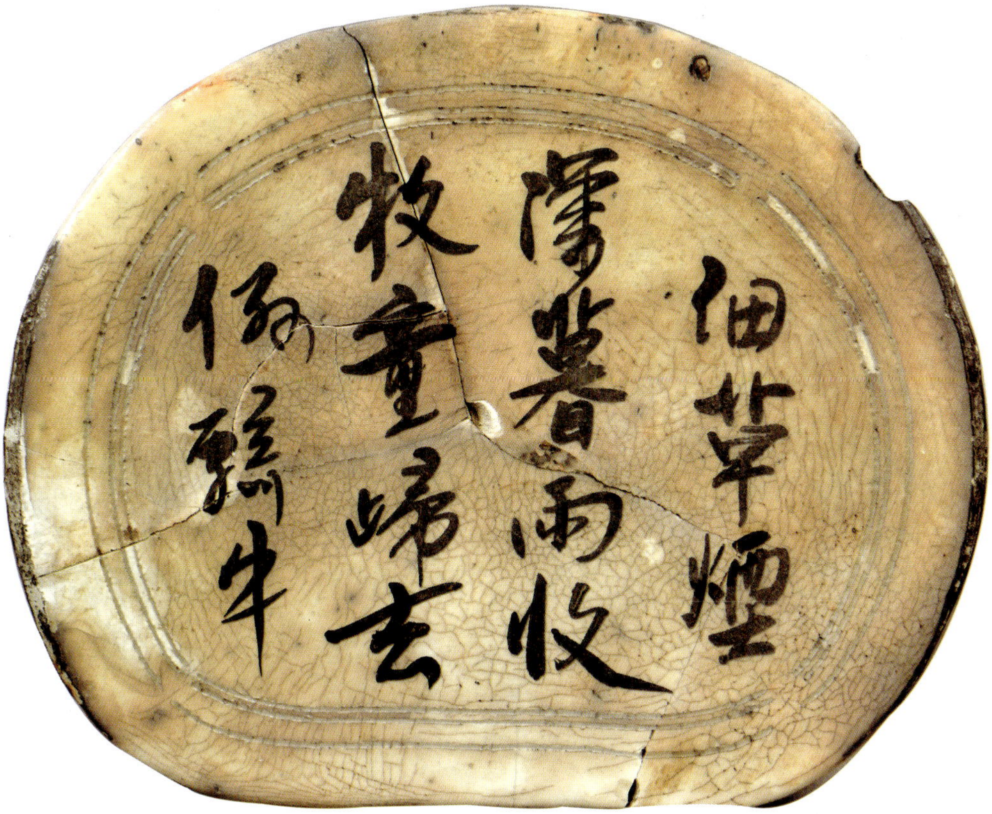

金代磁州窑系高士图雕塑虎形枕

Tiger-shaped Pillow of Cizhou Kiln with Learned Man Pattern (Jin Dynasty)

金代磁州窑系高士图雕塑虎形枕。枕面是一高士踟蹰于江湖之畔，岸边水草寂寥，天上云彩渺渺，垂柳轻拂，营造了类似屈子行吟图的意境。此虎的造型与前面三只虎枕迥异，仅用褐彩绘出虎纹，未再施黄褐彩填底。显然不是山西窑产品，当然，也可笼统地称之为磁州窑系。枕面所绘高士图，笔法熟练，立意高古，是不可多得的绘画精品。就古代书画的鉴藏而言，金代的绘画与两宋和元相比，数量要少得多。此枕上的绘画，可视为金代的一帧绘画小品，从中我们会发现，宋代绘画的兰叶描、铁线描都可见端倪，应为重要的美术史参考。

长30　宽15.8　高10.8

金代磁州窑如意形花鸟枕

Cloud-shaped Pillow of Cizhou Kiln with Bird & Flower Pattern (Jin Dynasty)

金代磁州窑如意形花鸟枕。宋代是我国绘画艺术高度发展的时期，尤其花鸟画，由唐入宋，已臻完美，成为一个独立的画种。酷爱书画的宋徽宗赵佶，自身就是花鸟画的高手，他的一个写生《珍禽图》，就两次出现在拍场，每次都拍出天价。这个花鸟枕面，可以使我们感到宋代朝野上下研习书画，就连一个工匠艺人，也成为绘画高手的艺术氛围。枕面用双圈勾出如意形内外框，间有流水纹。一只小鸟立于枝头，头微微扬起，是在引吭高歌，迎接春天的到来。枕侧绘卷草纹。

长29.5　宽21.3　高12.5

金代山西窑喜鹊登枝剪纸剔花枕

Pillow from Shanxi with Papercut-styled Magpie Pattern (Jin Dynasty)

金代山西窑喜鹊登枝剪纸剔花枕。中国的剪纸艺术源远流长，最早可以追溯到西周，当然严格地讲，剪纸剪纸，那应该是在西汉发明了纸之后，以前的皮革和金箔，虽然技术相同，但似乎不能称剪纸。要讲实物佐证，那就是1960年在新疆高昌遗址出土的北魏剪纸。到了宋代，作为民间艺术，剪纸已经十分普遍了，但是把剪纸的艺术应用到瓷枕上，这还是我见到的唯一一个枕。以红釉做底的瓷枕上，剔出了喜鹊登枝的图案，与当今陕北老百姓贴在窗棂上的喜鹊登枝剪纸，几乎没有什么两样。所以瓷枕的艺术，就是民间的艺术，就是生活的艺术。这个瓷枕的胎釉应该属于北方窑口。喜鹊立于梅花之上，图案极具装饰性。枕呈八角形，枕壁施半釉，露粉红胎，由胎到釉红红火火，吉祥喜庆。

长29　宽25.2　高9

金代山西晋南窑白釉『先生不面归何处，空巢藤花满园香』诗词枕

White Glazed Poetry Pillow of Jinnan Kiln (Jin Dynasty)

金代山西晋南窑白釉“先生不面归何处，空巢藤花满园香”诗词枕。全诗：“先生不面归何处，空巢藤花满院香。欲写姓名无纸墨，马鞭画破绿苔墙”。工匠在胎釉未干前，用竹笔划出，应该属于中国古代的硬笔书法。诗词虽为民间创作，但是也很有味道。尤其“欲写姓名无纸墨，马鞭画破绿苔墙”，访客未见主人面，却用这样的方式留下信息，也是饶有兴味的，可以想见，主人必然是一位德高望重的隐士，守着空巢藤花满院香，也是一种隐喻文化的乐趣。枕面用三道弧线划出外框，又将诗词框于三道直线的内框之内。山西考古研究所有此类枕收藏。

长25.7　宽22.2　高13.4

金代当阳峪窑绞胎釉腰形枕

Kidney-shaped Pillow of Dangyangyu Kiln with Feather Pattern (Jin Dynasty)

金代当阳峪窑绞胎釉腰形枕。绞胎工艺在中国唐代就已经出现，它是仿造当时漆器的纹饰图案，唐代的瓶瓶罐罐就已经出现了绞胎装饰，尤其是以脉枕上的图案，最为精彩，当阳峪窑的绞胎脉枕就十分有名。到了宋代，当阳峪窑的绞胎釉有了新的发展，它做出了纹理对称、十分整齐、好似禽鸟羽毛的花纹。这个绿釉绞胎枕的纹饰，就如羽毛般美丽，枕壁施釉到底，粉红胎。

长20.8　宽14.8　高7.8

金济源勋掌窑三彩童子执莲长方形枕

Cuboid Tri-color Glazed Pillow of Xunzhang Kiln with Girl & Lotus Pattern (Jin Dynasty)

金济源勋掌窑三彩童子执莲长方形枕。宋金时期烧制三彩的窑口很多，除山西的窑口外，河南窑系的诸多窑，如巩县窑、扒村窑、新安城关窑、济源勋掌窑等窑口，都有烧制。儿童婴戏是宋人绘画中喜爱的题材，苏汉臣的婴戏绘画中，孩童的可爱劲儿便令人印象深刻，成为美术史中的经典。瓷绘文化中的婴戏内容，同样令人印象深刻，瓷枕中的婴戏图案，就可以编一个婴戏大观。放风筝的、抽陀螺的、骑竹马的、点爆竹的、打捶丸的，可爱极了。此枕为三联三彩图案，两侧为独立的花卉，中间的图案本来应该是标准的执莲童子，但与一般的执莲童子又有所不同，除执莲以外，周围还装饰了别的花卉，使本来一个佛教题材，变为更加世俗化的生活场景。花枝繁茂，占满了整个空间，花枝的曲线不显得零乱，整个画面灵动、流畅。中间横卧的童子，头梳两个小发髻，腰间围一小肚兜，脖颈戴一项圈，很有生活情趣。枕四侧用花瓣组成几何图案，很有装饰性。整个图案再饰以亮丽的三彩，充分展示了宋三彩的魅力。

长25.3　宽15.3　高9.3

金代晋南窑白釉剔花枕

White Glazed Pillow of Jinnan Kiln with Carved Flowers (Jin Dynasty)

金代晋南窑白釉剔花枕。枕面呈腰圆形，外框剔出一圈小碎花，内框内的剔花花卉较为少见，一般多为牡丹和荷花，而此枕的花卉则为一束斜出的喇叭花，三朵盛开的喇叭花，占据了整个内框，营造出热烈的气氛，留出胎底形成色差，使主题纹饰更加突出。此枕似为山西晋南窑，底为黄褐色细沙胎。

长26.4　宽22.4　高11

金代山西晋南窑白釉剔荷花鸳鸯枕

White Glazed Pillow of Jinnan Kiln with Carved Mandarin Ducks & Lotuses (Jin Dynasty)

金代山西晋南窑白釉剔荷花鸳鸯枕。枕呈腰圆状，两道腰圆弧线分隔出内外框，内框上一朵荷花盛开，荷叶下一对鸳鸯嬉戏，居前的雌鸳鸯回首顾盼，后面的雄鸳鸯头顶置冠，一撮翎毛立显英武相。荷塘鸳鸯是中国古代常用的绘画体裁，用在瓷枕上，显然有祝福夫妻和美、夫唱妇随、永不分离的吉祥之意。此枕的釉面有伤，应是从窑中带来的。枕壁施白釉，未作刻划，也就突出了枕面。气孔置于枕侧，山西窑瓷枕多作这样处理。

长26.4　宽22.4　高9.3

金代河南窑三彩狮子雕塑枕

Lion-shaped Tri-color Glazed Pillow of Henan Kiln (Jin Dynasty)

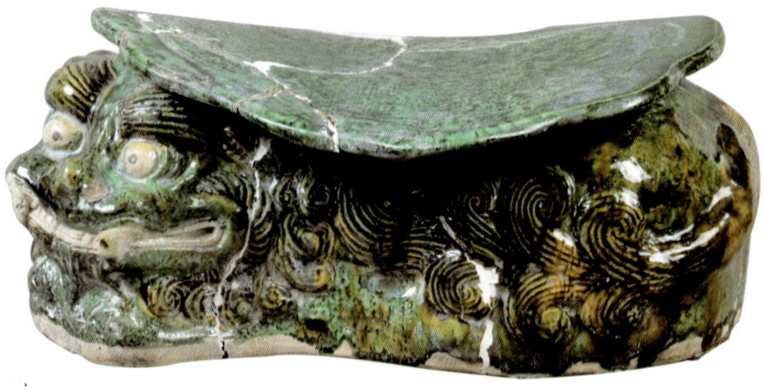

金代河南窑三彩狮子雕塑枕。此三彩枕釉为绿白黄，主色调为绿釉，在鬃毛间又透出棕黄，釉色晶莹，有玻璃质感，放蛤蜊光，眼睛和嘴唇施以白色，眼睛炯炯有神，含威不露。枕面施绿釉，刻有暗纹，使整个瓷枕显得华丽富贵，惜此枕有残。这类三彩雕塑枕，多出自河南窑，但此枕的造型较为少见。

宽21　高13

金代磁州窑黑釉『寿』字元宝形枕

Shoe-shaped Black Glazed Pillow of Cizhou Kiln with Chinese Character "Longevity" (Jin Dynasty)

金代磁州窑黑釉“寿”字元宝形枕。自唐以降，中国北方众多窑口均烧制黑瓷，这改变了两晋以青瓷一统天下的局面。宋金时期人们的审美观念，仍然倾向为沉静、素朴的自然美，黑色的漆器当时就大行其道，稳居了审美主流。这个枕的造型整体呈元宝状，通体施黑釉，釉色黑如漆，晶莹润泽中透着内敛，很有些漆器的效果。枕侧正面塑一团寿字。釉色、枕形和寿字，恰好暗喻了中国传统文化中的福禄寿三者一统的吉祥含意，可见一个小小的瓷枕，其实承载了博大的中国传统文化。整体造型规整，制作精细，胎底灰中泛白，胎质细腻。

长22.5　宽11.5　高13.2

金代磁州窑熊骑竹枝嬉戏如意形台枕

Cloud-shaped Pillow of Cizhou Kiln with Bear playing Pattern (Jin Dynasty)

金代磁州窑熊骑竹枝嬉戏如意形台枕。如意形台式枕年代一般都偏早，多为宋金时期。在如意形枕中，有一只特别有名的马戏熊枕，一条铁链拴住了黑熊。可见在宋金时期耍猴戏熊是世俗市井生活的一道风景。文献记载，该枕现藏英国大英博物馆，马未都先生曾专程到大英博物馆做了考察。说是国内没有，这是不确切的，我曾在开封的古玩市场上见到过一只，只是价格高昂，我未能买下，至今仍很遗憾。不过好在我藏有的这只熊骑竹枝嬉戏如意形台枕也十分罕见，至今未见国内外有任何著录。这只枕采用拟人化的手法，极具生活性，笨拙的黑熊不仅以竹枝作马，手中还挥舞竹枝，使人不禁想到：“郎骑竹马来，绕床弄青梅”句，让人忍俊不禁。

长31.8　宽29.7　高16.3

金代磁州窑海东青擒天鹅绘画枕

Pillow of Cizhou Kiln with『Eagle Preying on Swan』Pattern (Jin Dynasty)

金代磁州窑海东青擒天鹅绘画枕。枕呈六联弧如意形，枕面绘海东青擒天鹅，海东青属鹰科，是一种美丽的中型猛禽，栖息于岩石海岸，它在空中飞行发现猎物后，迅速将两翅一收，急速俯冲而下，就像投射出去的一支飞镖，径直冲向猎物。生活在白山黑水间的北方民族，将其驯化作为猎鹰，用以狩猎。海东青擒天鹅是金代玉雕的常见体裁，称为秋水玉。玉雕多为海东青擒住天鹅的颈部，啄瞎其眼睛。此枕枕面有较大的空间，使海东青翱翔其上，芦塘中的天鹅惊恐地逃窜，几枝萧瑟的芦苇在秋风中摇曳，呈现了一幅秋猎的画面。此枕可视为一幅精致的宋金绘画小品。枕壁绘流畅的卷草纹。

长36.5　宽28　高13

金代当阳峪窑绿釉『忍』字脉枕

Green Glazed Wrist Cushion of Dangyangyu Kiln with Chinese Character『Endurance』(Jin Dynasty)

金代当阳峪窑绿釉“忍”字脉枕。此绿釉小脉枕枕中剔出一个“忍”字，它反映了金代处在异族统治下，老百姓动辄得咎、缄口不言以求平安的社会心理。当阳峪窑很多产品都书有“忍”字，这是因为在金王朝统治下，许多工匠沦为奴隶、半奴隶，“遗民泪尽胡尘里，难忘王师又一年”，工匠们制作大量带有“忍”字的瓷器，是他们内心情感的流露，表示了期望南北统一的爱国情怀。此枕“忍”字施黄釉，外周一圈绿釉刻水波纹。枕侧施半釉，有积釉，枕形近似圆形。底为细沙底。

长14.4　宽12.8　高7.8

金代三彩童子风筝枕

Tri-color Glazed Pillow with Boy & Kite Pattern (Jin Dynasty)

金代三彩童子风筝枕。八条内弧线连接，使枕的外形有一种线条美和内敛美。枕面施三彩，一童子持风筝奔跑嬉戏。三彩一般为低温烧制，容易出现脱釉现象。此枕一些地方脱釉露胎，胎为浅红色，这本来是个缺陷，露胎的浅红色与三彩枕面的颜色搭配，反而产生了一种奇异的美学效果。天空大雁成行，地上绿草萋萋，童子持风筝开心奔跑，一派欢乐景象。枕壁施半釉，枕体对称、规整。

长28.8　宽19.5　高9.8

金代河南窑三彩鸳鸯如意形枕

Cloud-shaped Tri-color Glazed Pillow of Henan Kiln with Mandarin Duck Pattern (Jin Dynasty)

金代河南窑三彩鸳鸯如意形枕。枕呈六联弧形成的如意形，枕面与枕壁间有一自然弧度，显现柔和的曲线美。全枕施三彩，色彩艳丽，枕中一鸳鸯刻画细致、写实，三枝团花环绕，亭亭玉立，底施黑釉，与鸳鸯、团花的黄绿釉形成强烈的色彩对比，强化了三彩的色彩效果。周边一圈花瓣呈几何形排列，富有装饰感，枕壁施满釉，三彩花瓣排列有致，使整个枕富丽堂皇。

长31　宽22　高12.5

金代卧狮三彩人物枕

Lion-shaped Tri-color Glazed Pillow with Boy & Fish Pattern (Jin Dynasty)

金代卧狮三彩人物枕。枕为粉红陶胎，一卧狮双眼圆睁，张口吐舌，威武凶悍。枕面一童子横卧，两条肥硕的鲤鱼环绕。双鱼当然是中国传统文化中“年年有余”、“鱼水相欢”的吉祥图案，但放在这里，是否还有其特定的历史故事，则需求教专家。粉红胎说明烧制温度不高，胎体未充分瓷化，故有较为严重的脱釉现象。枕后侧，有两朵大的火焰开光，中间有小的堆塑火焰纹，开光间有一堆塑的五星装饰，这一图案是否有宗教的意蕴，尚待深考。

长24　宽14.6　高10

金代山西窑花卉虎形枕

Tiger-shaped Pillow of Shanxi Kiln with Flower Pattern (Jin Dynasty)

金代山西窑花卉虎形枕。此虎形枕釉光亮丽，用笔熟练、奔放，造型优美。枕面的绘画，用简练的笔法勾勒出一幅水墨花卉图，枕面洁白，黑白分明，体现了黑与白的艺术。枕身有一道裂，对枕的艺术性并无大碍。

长30　宽14　高8

金代磁州窑芦塘鹅戏如意形枕

Cloud-shaped Pillow of Cizhou Kiln with Reed & Goose Pattern (Jin Dynasty)

金代磁州窑芦塘鹅戏如意形枕。磁州窑最大的特点，就是把绘画技艺由宣纸移植到陶瓷上，以毛笔作为绘画的工具，以中国画的写意为主要的表现手段，所绘图画线条简练，挥洒自如，气势奔放，寥寥数笔，神情毕现。就这一幅芦塘鹅戏图，笔墨不多，稍加勾勒，一幅“鹅鹅鹅，曲项向天歌……”情趣盎然的水墨小品跃然枕上，堪称绘画精品。

长25.3　宽15.3　高9.3

金代磁州窑绿釉『金钿小小贴秋衰，开向渊明醉梦中』《咏菊》诗词枕

Green Glazed Poetry Pillow of Cizhou Kiln (Jin Dynasty)

金代磁州窑绿釉“金钿小小贴秋衰，开向渊明醉梦中”《咏菊》诗词枕。枕上书《咏菊》诗一首：“金钿小小贴秋衰，开向渊明醉梦中，不似南园桃共李，荣华一一待春风”。唐宋诗人喜欢咏菊，这是因为菊花有枯死枝头而不坠落的气节。陆游在《枯菊》中有“空余残蕊抱枝干”的诗句，朱淑贞在《黄花》中更称“宁可抱香枝上老，不随黄叶舞秋风”。而这一首枕上的诗，“不似南园桃共李”，也表现了菊花不愿与桃李这些媚俗的花为伍，孤芳自傲的气节。枕施绿釉，诗词用竹笔划出。枕有残。

长25.3　宽15.3　高9.3

金代磁州窑如意形『张家造』绘画虎枕

Cloud-shaped Pillow of Cizhou Kiln with Tiger Pattern & Maker's Seal (Jin Dynasty)

金代磁州窑如意形“张家造”绘画虎枕。枕呈如意形，两条墨线绘了边框，虎身蹲伏，高耸的背部曲线刚好与枕边框的弧线一致，形成曲线美，虎的造型写实，用不多的线条绘出虎纹，斑斑点点表现了虎皮的毛感，是一幅难得的宋金画虎小品。枕侧画出流畅的卷草纹。枕底有“张家造”戳印，张家造为磁州窑著名的作坊。

长29.5　宽24　高13

金代绿釉水波纹莲花雕塑八角形枕

Octagonal Green Glazed Pillow with Ripple & Lotus Pattern (Jin Dynasty)

金代绿釉水波纹莲花雕塑八角形枕。八角形枕通体施绿釉，釉色鲜亮青翠，宛如湖水，炎炎夏日，给人清凉的感觉。枕面刻水波纹，枕侧形成八面开光，其中的菱花图案，有佛教的意蕴，同时也使人联想到菱花浮于水面。枕侧施釉到底。

长26.2　宽15　高11

金代磁州窑儿童捶丸枕

Pillow of Cizhou Kiln with Ball-batting Boy Pattern (Jin Dynasty)

金代磁州窑儿童捶丸枕。图中一童子身着花衣，头顶朝天花髻，身后两根束带随风飘起，可见在做剧烈运动。童子手执一根球棍，正在捶击前方一小球，这正是中国古代宋金元时期特别流行的一项运动——捶丸，也被称为中国的高尔夫。目前故宫所藏的一幅名作《宣宗行乐图》记录的正是明宣宗嬉戏娱乐的场景，明宣宗正在挥杆击打一白色小球。山西省洪洞县有元代捶丸图的壁画，一人正面俯身作击球姿势，另一人侧蹲注视前方地上的球穴。这两幅绘画有力地说明了，捶丸——中国的高尔夫，不仅为宫廷帝王所喜爱，也广泛流行于民间。而这个捶丸瓷枕，又提供了甚至少年儿童也喜爱这项运动的实证，可见此项运动的普及程度之高，对研究中国古代体育运动史有重要的史料价值。枕侧饰以卷草纹。

长25.5　宽20.6　高10.5

金代磁州窑白地黑花腰形枕

Kidney-shaped Pillow of Cizhou Kiln with Black Floral Design on White Background (Jin Dynasty)

金代磁州窑白地黑花腰形枕。这是展示磁州窑绘画技艺的典型器物，类似的图案不仅出现在瓷枕上，也常常出现在梅瓶和其他器物上，工匠们用笔洒脱、熟练，寥寥数笔，就把一束花卉描述的栩栩如生。枕面花卉用褐彩绘出，布满铁锈斑点，着色浓重，枕边缘划出边框，形成开光，枕底露浅黄灰白胎，胎质坚致。国内外大多数著名博物馆均有此类枕收藏。

长21　宽17.2　高11

金代山西窑黄釉墨彩卧虎枕

Tiger-shaped Yellow & Black Glazed Pillow of Shanxi Kiln (Jin Dynasty)

金代山西窑黄釉墨彩卧虎枕。枕施黄釉，用褐彩绘出虎纹。这样的卧虎枕体量小，像个脉枕，应为当时为儿童提供的用枕，枕小巧，俏皮可爱，想必是儿童炕头嬉戏的玩伴儿。

长19.9　宽10　高8

金代山西窑黄釉墨彩虎形枕

Tiger-shaped Yellow & Black Glazed Pillow of Shanxi Kiln (Jin Dynasty)

金代山西窑黄釉墨彩虎形枕。雕塑枕的釉色一般为红色，或者是黄色，此枕釉色独特，为棕黄色，不知是因为烧制温度所产生的窑变，还是所施釉设定的颜色。用毛笔绘出的虎纹，一笔下去有波折的效果，显示了工匠熟练的绘画技艺，使简单的线条表达出更多的绘画语言。枕形体较大。虎枕一般出自山西窑和河南窑。枕面有残。

长37.5　宽17　高14

金代磁州窑酱黄釉花鸟纹长方腰形枕

Cuboid Mustard Glazed Pillow of Cizhou Kiln with Flower & Bird Pattern (Jin Dynasty)

金代磁州窑酱黄釉花鸟纹长方腰形枕。这类器型从宋到明均有烧制，从此枕的釉色和刻花来看，应为宋金工艺。枕面及四侧均有刻花，刻工率意随性，釉色为青釉泛黄，枕一侧有四块垫烧痕。

长24.7　宽10　高12

金代磁州窑喜鹊登枝八角形枕

Octagonal Pillow of Cizhou Kiln with Magpie Pattern (Jin Dynasty)

金代磁州窑喜鹊登枝八角形枕。喜鹊登枝在中国传统文化中是一种吉兆，表示报喜的意思。此枕绘画技术高超，工匠有熟练的笔法，绘出一只喜鹊立于疏枝之上，主题突出，刻画生动，有北宋院体画花鸟画的遗风，当以宋金绘画小品视之。四周用墨彩绘出边框。

长20.3　宽13.5　高7.8

金代邢窑白釉犀牛枕

Rhino-shaped White Glazed Pillow of Xing Kiln (Jin Dynasty)

金代邢窑白釉犀牛枕。犀牛是三千年前在中国广大区域普遍生存的珍贵动物，由于生态环境的变化和人类的乱捕滥杀，逐渐灭绝，这真是人类的悲剧。所幸的是，这方瓷枕把犀牛的形象保存下来。枕面下的犀牛为双角犀，这正是曾经在中国生存过的苏门答腊犀，可见这个形象是写实的。犀牛呈匍匐状，眼睛和鼻孔加褐彩，背负的枕面上书“福寿”二字，枕施白釉，胎土细腻，不像是磁州窑系的产品，但邢窑入宋以后已经衰落，故此枕的窑口和年代尚待深考。枕面边缘有修补。

长21.4　宽13.2　高10

福寿

金代磁州窑如意形『骑驴过小桥，独见梅花瘦』诗词枕

Cloud-shaped Poetry Pillow of Cizhou Kiln (Jin Dynasty)

金代磁州窑如意形“骑驴过小桥，独见梅花瘦”诗词枕。枕呈如意形，边框用墨彩绘出，用流利的行书写出“骑驴过小桥，独见梅花瘦”，这两句描写雪景的诗句为人们所熟知，是因为罗贯中在《三国演义》“三顾茅庐”之“二顾”中，刘备探访未果，却见一老者骑驴携葫芦酒，边过小桥边吟诵：“骑驴过小桥，独叹梅花瘦”。如果这个枕是元末明初之后的瓷枕，那么很自然地可以说，这两句佳词，出自《三国演义》，然而这个枕却是明明确确的金代磁州窑的作品，那么我们只能说，罗贯中《三国演义》的创作，一定借鉴吸收了这些民间的素材，没准儿罗贯中还枕过这样的枕呢，只是把“独见梅花瘦”的“见”，改成了“独叹梅花瘦”。诗词的书法可圈可点，很难相信民间工匠能写出这样好的书法。枕侧绘出流利的卷草纹。

长32　宽26　高11.5

金代磁州窑八角形『浓雾锁俊山，小桥伴流水』诗词枕

Octagonal Poetry Pillow of Cizhou Kiln (Jin Dynasty)

金代磁州窑八角形“浓雾锁俊山，小桥伴流水”诗词枕。枕面用墨笔书写“浓雾锁俊山，小桥伴流水”诗句，并画出边框。诗句对仗工整，“锁”对“伴”，“俊山”对“流水”，也是一副绝佳的对联。这两句诗常被人们引用，因为人们发现它与自然与生活是那么的贴近，可见古人很懂得生活本来就充满了诗情画意，重要的是你要善于发现它。枕侧的卷草纹流畅，有律动感，好似音乐的乐谱。

长27.8　宽20.5　高11

金代磁州窑三国故事（关公战黄忠）长方形枕

Cuboid Pillow of Cizhou Kiln with Story Painting (Jin Dynasty)

金代磁州窑三国故事（关公战黄忠）长方形枕。三国故事中，黄忠为刘表手下大将，曾与刘备手下的关公大战三场，首战一百回合不分胜负，二战黄忠落马，关公有意绕过，第三战黄忠以百步穿杨的箭法射落关公头上冠缨，也放关公一码，为后来归顺刘备留下伏笔，这里表现的就是大战一百回合的故事。磁州窑的故事枕绘画技艺高超娴熟，多取材于故事话本，应有当时的文人画家参与。这个枕侧四面分别绘有奔鹿图、墨竹图和牡丹图，枕面的主画面被置于开光内，开光外四角绘有花卉图案。底有“张家造”款。枕为窑址出土，有窑粘和破裂。

长45　宽17　高14

金代山西窑黑釉胡人驯兽枕

Lion & Tamer Based Black Glazed Pillow of Shanxi Kiln (Jin Dynasty)

金代山西窑黑釉胡人驯兽枕。胡人驯兽是宋金瓷枕中的常用体裁。枕中一胡人手执绳索拴住狮子，这个体裁是从唐时西域诸国向唐代宫廷进贡狮子，并由昆仑奴驯化管理而来，枕中胡人即为昆仑奴，是驯狮的高手。选此题材是因为中国人喜欢取胡（福）兽（寿）双全的谐音，取其吉祥之意。全枕施黑釉。

长26　宽11　高12.7

金代磁州窑（萧何月下追韩信）人物故事长方形枕

Cuboid Pillow of Cizhou Kiln with Story Painting (Jin Dynasty)

金代磁州窑（萧何月下追韩信）人物故事长方形枕。枕面所绘的是萧何月下追韩信的故事，韩信因不满投奔刘邦后受到怠慢，深夜逃离汉营，不辞而别，宰相萧何得知后，星月策马追赶韩信，竭力挽留，后刘邦封韩信为大将，终为刘邦打下了江山。画中可以看到，山峦上一轮明月，追赶的人急如星火，月下策马，一跑一追，生动呈现。枕四侧分绘飞鹰击兔、奔鹿图和荷花图，底有“张家造”款。枕为窑址出土，有窑粘，枕面有裂。

长45　宽17　高14

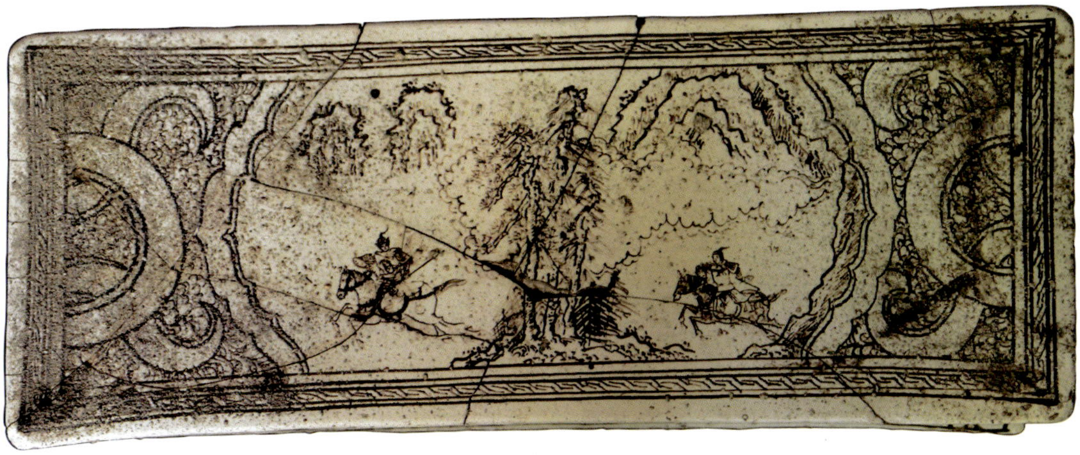

金代磁州窑（鬼谷子下山）人物故事长方形枕

Cuboid Pillow of Cizhou Kiln with Story Painting (Jin Dynasty)

金代磁州窑（鬼谷子下山）人物故事长方形枕。由于一个元代的青花鬼谷子下山罐卖了个2.3亿，以致造成一阵“鬼谷子热”。鬼谷故事从宋金院本开始，到元代平话杂剧都很盛行，成为市井百姓在坊肆村口说唱的重要内容。战国时期，燕、齐两国之间恶战不止，燕国拜乐毅为大将军攻打齐国，败齐军于济水之西。这时候齐拜孙膑为军师，大败燕军。孙膑在同黄柏阳对战时，被困阵中危在旦夕，齐国无奈急派苏秦的弟弟大臣苏代去请孙膑的老师鬼谷子，求其救人。我这方瓷枕的绘画所表现的就是这个内容。苏代策马在前，虎豹轺车拉着鬼谷子在山林间急奔。元末青花罐的鬼谷故事，显然是有粉本的，这方元初的瓷枕很可能就是它的粉本，因而有很大的学术价值。

长45　宽17　高14

金代磁州窑（单鞭夺槊）人物故事长方形枕

Cuboid Pillow of Cizhou Kiln with Story Painting (Jin Dynasty)

金代磁州窑（单鞭夺槊）人物故事长方形枕。磁州窑的绘画艺术被公认为宋元绘画艺术的重要代表，而其中最能反映绘画水平的，则是宋末元初磁州窑系的长方形枕，这类枕一般都有“张家造”的戳印，可以肯定的是，其绘画艺术一定有当时文人的参与，尤其戏曲人物故事枕，人物刻画细腻逼真，多有戏曲故事内容，枕着它，这像枕着一部中国戏曲历史人物的绣像史。这个“单鞭夺槊”枕，反映的是唐武德三年，大臣尉迟恭随秦王李世民征伐王世充，李世民单骑入敌营探军情，被敌将单雄信发现，持槊追杀，尉迟恭闻讯，手举单鞭赶马救援，只一个回合，就夺下单雄信手中的槊，救秦王冲出重围。此枕河北峰峰矿区文管所有收藏。

长32　宽17　高14

金代磁州窑珍珠地鸳鸯牡丹长方形枕

Cuboid Pillow of Cizhou Kiln with Pearl Background, Peony & Mandarin Duck Pattern (Jin Dynasty)

金代磁州窑珍珠地鸳鸯牡丹长方形枕。这种长方形枕一般都出自宋金时期磁州窑的著名作坊，多数都有款识，如“张家造”、“李家造”，至于“漳滨逸人”款，则说明有文人的参与。磁州窑瓷枕珍珠地较为少见，此方瓷枕的珍珠地，中间填红，属于登封窑等使用较高级的装饰技艺。枕面刻鸳鸯，两侧为大朵牡丹，侧面为珍珠地牡丹和缠枝花卉，枕体裂，枕底有较大缺失。

长45　宽17　高14

金济源勋掌窑三彩童子执莲长方形枕

Cuboid Tri-color Glazed Pillow of Xunzhang Kiln with Kid & Lotus Pattern (Jin Dynasty)

金济源勋掌窑三彩童子执莲长方形枕 。执莲童子在宋代十分流行，不仅出现在瓷枕上，玉雕的执莲童子也很普遍。民间有多种称谓：执莲童子、持荷童子、磨喝乐、摩睺罗、莲孩、小玉人等。这种造型与佛教的传入有很大的关系，将其称作“磨喝乐”或“摩睺罗”，是借用佛教天龙八部之一大蟒神“摩呼罗伽”的梵文音译。同时，佛教还有“莲生贵子”之说。脚踩风火轮的哪吒，就是由莲化生而来的。在宋代，“化生”说法更成为一种风俗。《东京梦华录》载：“七夕前三五日，车马盈市，罗绮满街，旋折未开荷叶，都人善假作双头莲，取玩一时，提携而归。又，少儿须买新荷叶执之，盖效颦磨喝乐。”吴自牧在《梦粱录》记载：“市井儿童手执新荷叶，效摩睺罗之状，此东都流传，至今不改” 。此枕上的童子执莲，正是这种风俗的反映。此三彩童子执莲枕，与我另一方枕大同小异，但另一方枕是女童，此为男童。釉有细开片，枕面有裂纹。

长42　宽20　高12

金代山西晋南窑白釉剔折枝牡丹腰圆形枕

Kidney-shaped White Glazed Pillow of Jinnan Kiln with Carved Peony (Jin Dynasty)

金代山西晋南窑白釉剔折枝牡丹腰圆形枕。枕面剔折枝牡丹，露浅褐色地，与施化妆土后上白色透明釉牡丹形成强烈的色差对比，剔刻细腻，凹凸分明，有立体感。牡丹的花瓣层层叠叠，疏密有当，装饰效果粗犷、豪放，为山西窑剔花牡丹中的代表性作品。

长26　宽21.2　高12.2

金代磁州窑高士观鱼长方形绘画枕

Cuboid Pillow of Cizhou Kiln with Fish & Learned Man Pattern (Jin Dynasty)

金代磁州窑高士观鱼长方形绘画枕。磁州窑的长方形绘画枕画功都熟练精湛，且意境清幽，一般认为这类枕必有擅长绘事的文人参与，有一些枕就署有“漳滨逸人”款。金元时期一些文人躲避战乱，不问政治，或者归隐山林，或者混迹瓷窑，也就造成了磁州窑多方面的艺术成就。这方瓷枕上所绘一高士独坐池畔，目视溪中小鱼，悠然自得，这正是“静观鱼读月，笑闻鸟谈天”的意境。北宋和金，瓷枕上的绘画多为花鸟山水，人物绘画出现在瓷枕上大多在金元时期，当时民间戏剧十分流行，话本中的人物故事大量出现在瓷枕上，而当时画坛的主流却是以元四家为代表的山水画，所以，瓷枕上的人物绘画应该是正统中国美术史的一个补充。此枕四侧绘牡丹图。

长32　宽18　高13

金代磁州窑童子戏鸭长方形枕

Cuboid Pillow of Cizhou Kiln with Fish & Learned Man Pattern (Jin Dynasty)

金代磁州窑童子戏鸭长方形枕。每当看到这方瓷枕，我就会不由自主地想到1950年代的一首儿歌“合作社里养了一群小鸭子，我每天早上赶着它们到池塘去……”看来，从古到今，儿童戏鸭是人们日常生活中常见的乡村小景。枕上一童子梳留海，扛着一枝大荷叶，回头与小鸭打招呼，小鸭正奋力向前，似乎在嘎嘎地叫，而童子则在向小鸭表示“再见吧，小鸭子，我要上学了”。整个画面简洁生动，用笔熟练不让当今画家，小鸭子寥寥数笔，神情毕现，使人不禁联想到我收藏的著名画家袁晓岑的小鸭子，那叫一个生动。此枕的图案被很多著录采用，河北省磁县有类似枕收藏。枕四侧绘花卉图案。

长31.7　宽17　高13

元代山西平阳窑『风动风琴风韵响，雨敲雨障雨声寒』诗词枕

Poetry Pillow of Pingyang Kiln (Yuan Dynasty)

元代山西平阳窑“风动风琴风韵响，雨敲雨障雨声寒”诗词枕。山西平阳窑也属磁州窑系，元代平阳窑所出瓷枕多为长方形，此枕下端呈弧线，更适宜枕用，画框两内角有弧线装饰，诗句为“风动风琴风韵响，雨敲雨障雨声寒”，书法为用竹笔划出的硬笔书法，当为匠人所做，但诗句文雅，风声雨声交织，营造了一个赏雨听风的意境，民间匠人营造文人雅士的情调，一拙一雅，雅俗相间，很是有趣。

长32　宽16　高11

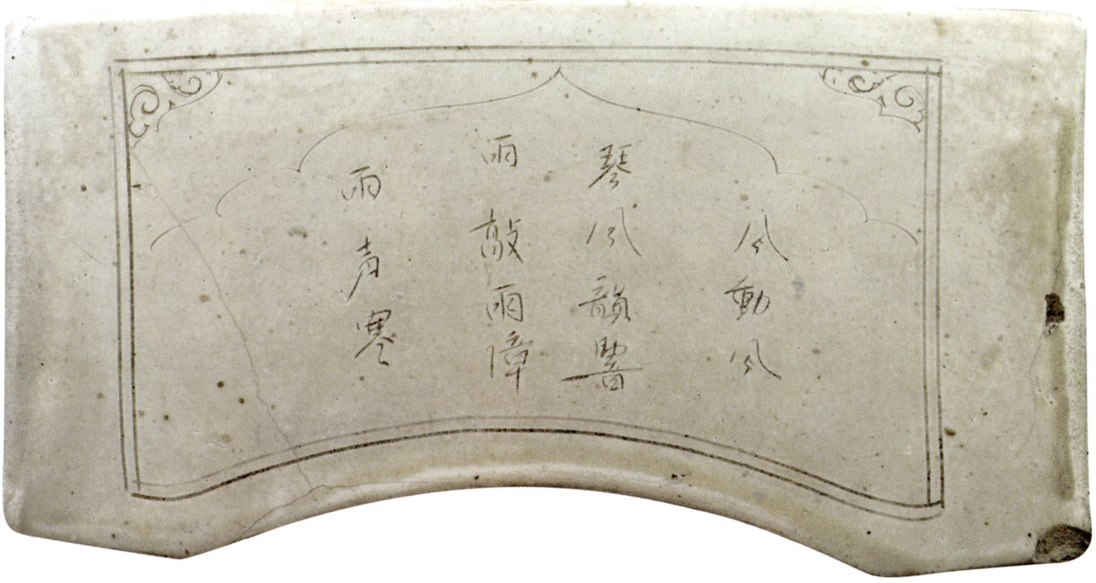
风動风
琴风韻響
雨敲雨停
雨声寒

元代山西平阳窑『有花方饮酒，无月不登楼』诗词枕

Poetry Pillow of Pingyang Kiln (Yuan Dynasty)

元代山西平阳窑“有花方饮酒，无月不登楼”诗词枕。“有花方饮酒，无月不登楼”此句最早出自元杂剧《苏子瞻醉写赤壁赋》，又作《醉写赤壁赋》。此剧描述了苏轼受贬黄州，备受上司冷落，生计维艰，中秋之夜，邀黄直、佛印禅师同游赤壁，苏乘着酒兴，写下《赤壁赋》。明朝万历年间，中国儿童启蒙书目《增广贤文》将此诗句收入其中，但略作更改，为“有花方酌酒，无月不登楼，三杯通大道，一醉解千愁”。此枕离苏东坡时代不远，宋元瓷枕中收录苏轼诗词甚多，可见其深受人民喜欢。在人心浮躁的当下，“有花方饮酒，无月不登楼”的心境，对社会心理是一个很好的调适。枕侧墨书三字，是为购枕人定烧。

长30.5　宽16　高10.5

有花
方飲酒
無月不
登樓

元代磁州窑潇湘八景诗词枕

Poetry Pillow of Cizhou Kiln (Yuan Dynasty)

元代磁州窑潇湘八景诗词枕。在宋元诗词书法枕中，用行楷比较多，用篆书的十分少见。词牌为《词寄月中仙》，全词为：“独倚危楼，向春来玩，赏山市晴岚，青红挥绿。见樵人相呼，独木桥边，渡口渔村落照。乍雨过，西山畔轩，远浦帆归岸。羌笛数声，幽韵孤峰伴。摇（遥）指酒旗高悬，望滩头隐隐，平沙落雁。潇湘夜雨，打松霜惊。山僧归禅，洞庭秋月圆。听堂（烟）寺晚钟，声潜远，暮雪江天。景堪图画，入屏仗看” 。“潇湘八景”名称始于宋代，科学家沈括在《梦溪笔谈》一书中，对沿洞庭湖的潇湘八景作了详记。宋代书法家米芾看到北宋文人画派的代表人物宋迪创作的大量山水画后，为这些山水秀美、气象万千的作品拍案叫绝，乘兴为每幅画作诗题跋，定名“潇湘八景”。这八景为：山市晴岚、远浦归帆、平沙落雁、潇湘夜雨、烟寺晚钟、渔村夕照、江天暮雪、洞庭秋月。 古往今来，“潇湘八景”不仅成为文人墨客争相吟诵、描绘的题材，而且时至今日，仍是游人如织、享有盛名的著名景点。广东南越王博物馆有此枕收藏。

长43.5　宽7.5　高13

元

元代元曲『风波实怕，唇舌体卦』长方形诗词枕

Oblong Poetry Pillow (Yuan Dynasty)

元代元曲“风波实怕，唇舌体卦”诗词长方形枕。“风波实怕，唇舌休卦（挂），鹤长鹤（凫）短天生下，劝鱼（渔）家，共樵家，从今莫说贤鱼（愚）话。得道助多失道寡，渔（愚），也在他；贤，也在他”。此诗的主意是告诫世人，不要随便议论他人，以免招惹是非。白鹤的颈长，野鸭的腿短，是先天所成，用不着我们说长道短；君王的成败得失，是由他们自己的行为决定的，用不着我们评说谁贤谁愚。此诗作者陈草庵，是与元曲大家关汉卿同时代人，大才子，曾任职河南管理钱粮。磁州隶属河南，磁州窑以陈草庵的词刻于枕上，大概与作者在当地为官，且钱粮为民之本，世人印象深刻有关。陈草庵写有感叹人世艰难的小令26首，劝奉人们不要追名逐利，对世间的不平采取一种旷达的态度。感叹处世的艰难在元代有特殊的意义，连年的战火，处在异族的统治下，人们动辄获罪，废除科举使知识份子断绝了晋升之路，一些人则隐居山林，或躬耕樵采，或沉湎诗酒，这些小令正是当时消极的社会心态的反映。所以，一个诗词枕，就勾勒出一幅社会生活和世俗心态的场景。该诗词的书法也很有味道，可以一窥赵孟頫小楷的流韵。枕上小令词牌名为《山坡里羊》，也称做《山坡羊》。元曲是磁州窑瓷器的重要书写内容，通过这个载体，很多时尚的元曲小令保留了下来，这正是瓷枕的可贵之处。此枕枕面有多种装饰，绘内外框，内框内除将诗词加框外，还绘有盛开的四朵五瓣梅花，枕四侧分别绘有开窗牡丹和莲花。此类长方形枕为元代磁州窑典型作品。

长32.7　宽17.2　高11.8

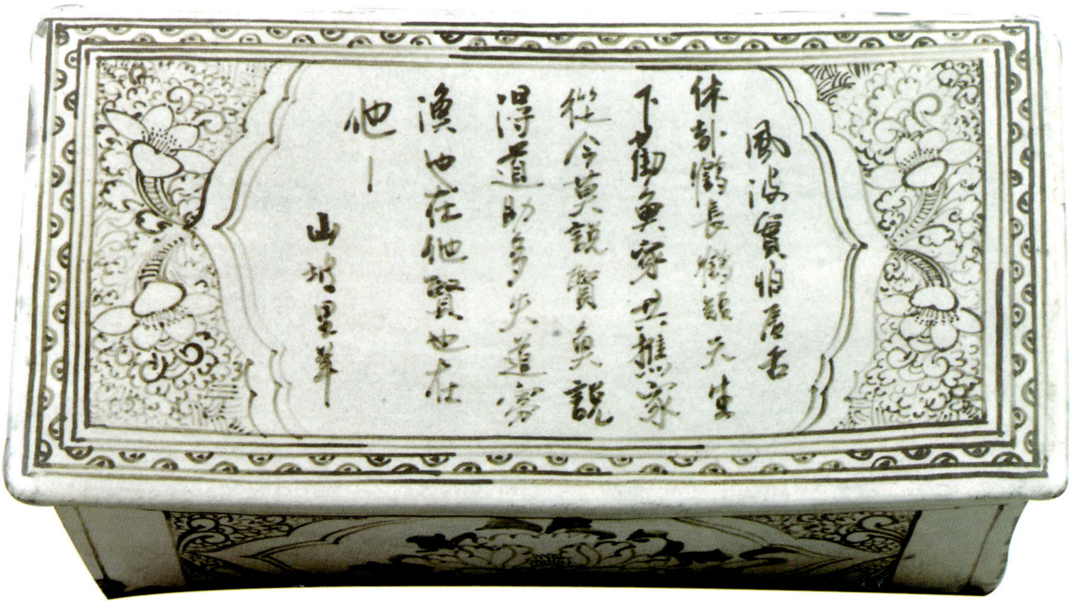

元代山西平阳窑『风吹因遇竹，泉冷遇通山』诗词枕

Poetry Pillow of Pingyang Kiln (Yuan Dynasty)

元代山西平阳窑“风吹因遇竹，泉冷遇通山”诗词枕。“风吹因遇竹，泉冷遇通山”这两句诗未查到出处。在元代平阳窑的瓷枕上，有大量用竹笔划出的诗词，有相当一些，在唐诗、宋词、元曲上查不到出处，被认为是匠人根据民间流传所作。这其中有一些生活情趣浓郁，来自民间也是自然，还有一些则文人气十足。此枕的“风吹”对“泉冷”，“因遇竹”对“遇通山”，不仅符合格律，而且寓意高雅，山村野夫显然难得有此雅性，这就提供了两种可能，一是属于典籍佚文，未查到出处，或者是有文人雅士的参与。但起码可以说明，工匠们的审美品味不俗。平阳窑诗词枕均是用竹笔刻划，这可以说是较早的硬笔书法。平阳窑的瓷枕大多呈长方形，枕壁施半截釉，白釉泛黄，呈乳汁状，胎为细沙胎，泛红。

长32.5　宽16　高9.5

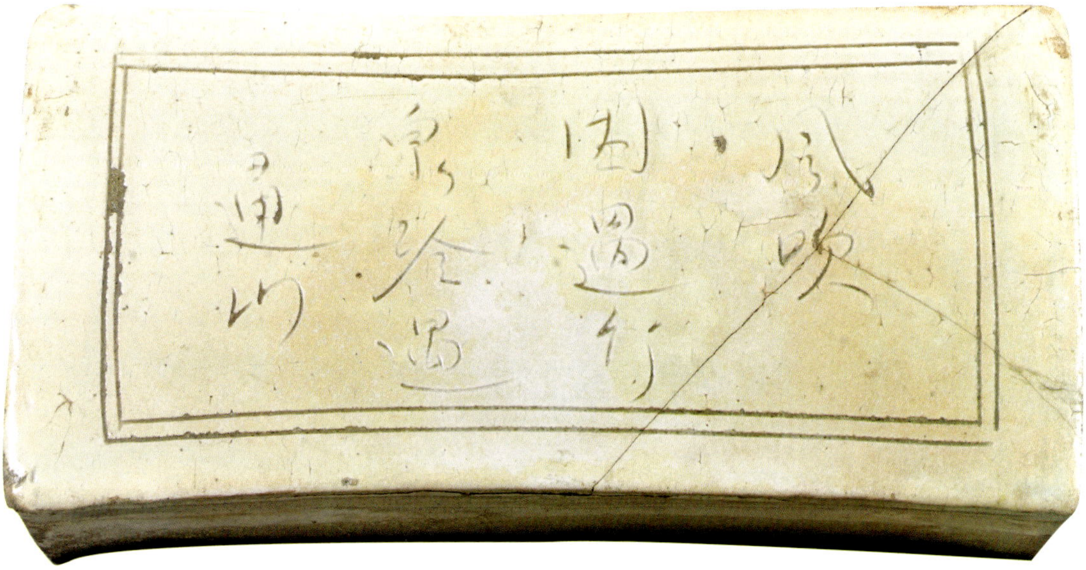

元代山西平阳窑荷花枕

Pillow of Pingyang Kiln with Lotus Pattern (Yuan Dynasty)

元代山西平阳窑荷花枕。山西平阳窑的瓷枕一般呈长方形状，没有太多的花纹装饰，重在实用。此枕用划花在枕中部绘出荷花纹样，在方形外框内，又划出双层波形弧线，象征荷花立于荷叶之上，枕上方左右两角，用剔花工艺绘出团花卷草纹，线条流畅，富有变化，剔地填色，黑白相间，使整个枕面不再单调。枕壁施半釉，露浅红胎。荷花在中国传统文化中，又称“君子花”和“凌波仙子”，象征高洁，出污泥而不染，所谓君子“四爱”，就有周敦颐“爱莲说”。中国是世界上种莲最早最广泛的国家。在河南省大河村发掘的“仰韶文化”房基遗址内，就发现有炭化的莲子，为中国古老的荷花文化提供了佐证。

长34　宽16.5　高10.2

元代山西平阳窑长方形『流水绕人家，远山当客路』诗词枕

Cuboid Poetry Pillow of Pingyang Kiln (Yuan Dynasty)

元代山西平阳窑“流水绕人家，远山当客路”长方形诗词枕。“流水绕人家，远山当客路”这两句诗词未查到出处，但是很有文气，“流水”对“远山”，“人家”对“客路”，都很贴切，很有意境和画面感，如果查出确为哪位大诗人的佚诗，也不足为怪。平阳窑瓷枕书以诗词的为数不少，可见当时民间的审美趣味。在联句中有两个错字，书法稚拙，可见匠人的文化程度不高，难得他有这样的文人情怀。平阳窑瓷枕造型简洁、实用，多为长方形状，枕墙施半釉，书写用竹笔划出，胎为淡红细沙胎，釉为乳白釉，鉴别相对容易。

长33　宽16.5　高12.3

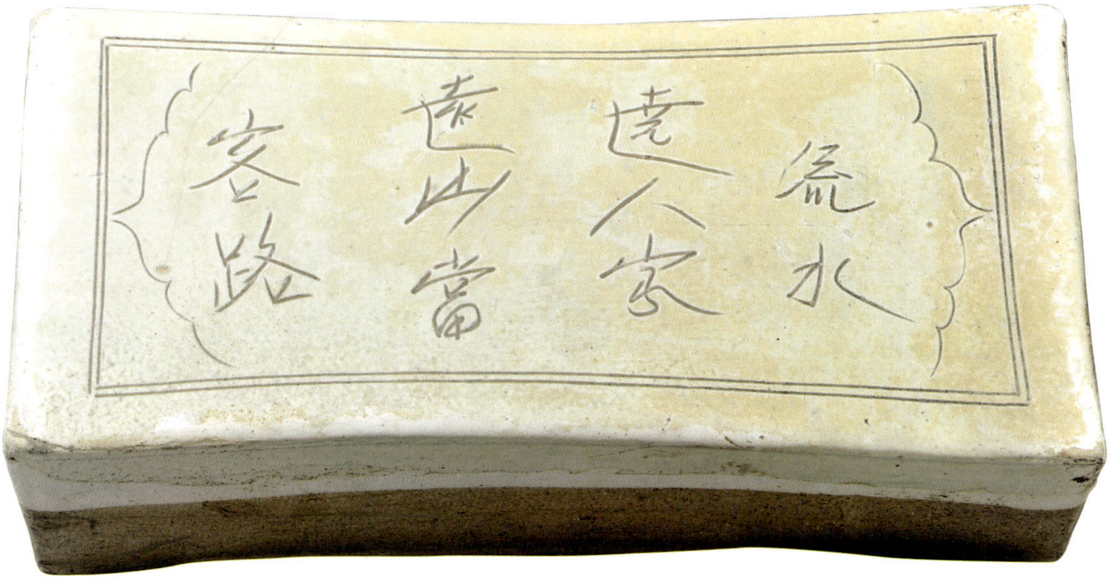

元代山西平阳窑长方形『高枕无忧』文字枕

Cuboid Pillow of Pingyang Kiln with Chinese Calligraphy (Yuan Dynasty)

元代山西平阳窑长方形“高枕无忧”文字枕。“高枕无忧”这样的话，刻在瓷枕上，十分贴切。这个成语出自《战国策·魏策一》：“事秦，则楚韩必不敢动，无楚韩之患，则大王高枕而卧，国必无忧矣”。垫高了枕头睡觉，无忧无虑，比喻平安无事，不用担忧。《三国演义》中，司马懿在得知孔明已死，高兴地说：“我等皆高枕无忧矣！”在现实生活中，“高枕无忧”这个词汇，常常反而用之，提醒人们不要放松对危险的警惕，无忧的结果，常常是有忧。所以这样的枕，其实是一种警枕。平阳窑的磁枕，一般均施半釉，文字枕居多。

长28.7　宽14.2　高11

高枕無憂

元代山西平阳窑长方形『金马玉堂三学士，清风明月两闲人』诗词枕

Cuboid Poetry Pillow of Pingyang Kiln (Yuan Dynasty)

元代山西平阳窑长方形“金马玉堂三学士，清风明月两闲人”诗词枕。枕面诗词为“金马玉堂三学士，清风明月两闲人”，此联句出自宋代欧阳修《会老堂致语》。副相赵概在朝时曾与欧阳修约定，告老还乡后要不时互访。宋熙宁五年四月，赵概来颍州看望欧阳修，当时的颍州知州吕公著设宴款待二人，三人一同游湖、赋诗、饮酒，欧阳修特作诗记相聚之欢。三学士即指欧、赵、吕三人，两闲人则指告老还乡的欧阳修与赵概。这两句诗为时人所爱，反映了宋人的一种隐喻文化。枕壁施半釉，露细沙胎。

长33.2　宽16.8　高12

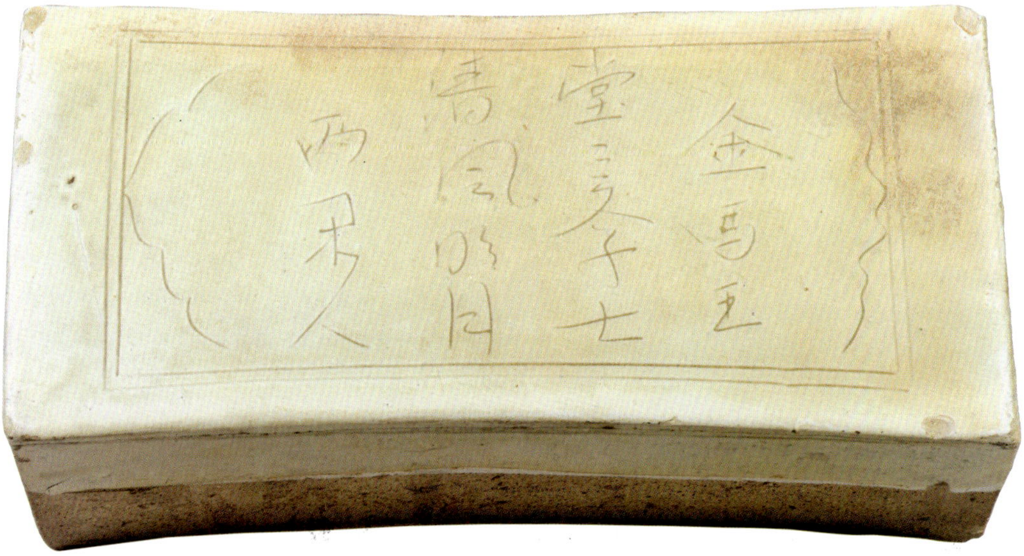

元代山西平阳窑长方形『清闲真道本，无事小神仙』诗词枕

Cuboid Poetry Pillow of Pingyang Kiln (Yuan Dynasty)

元代山西平阳窑“清闲真道本，无事小神仙”长方形诗词枕。此句出自元代词人王哲的《憨郭郎》，全词为“清闲真道本，无事小神仙。谨修增些福，免黄泉。愚迷都不晓，只爱几文钱。一朝大限至，告苍天”。元代统治者一度废除科举，断了知识分子的晋升之路，同时加强言论管制，使文人动辄得咎，所以这样一些劝人消极遁世的叹世小令，大行其道，反映了社会风俗和社会心理。此枕枕壁施半釉，露细沙胎。

长32.5　宽16.2　高12

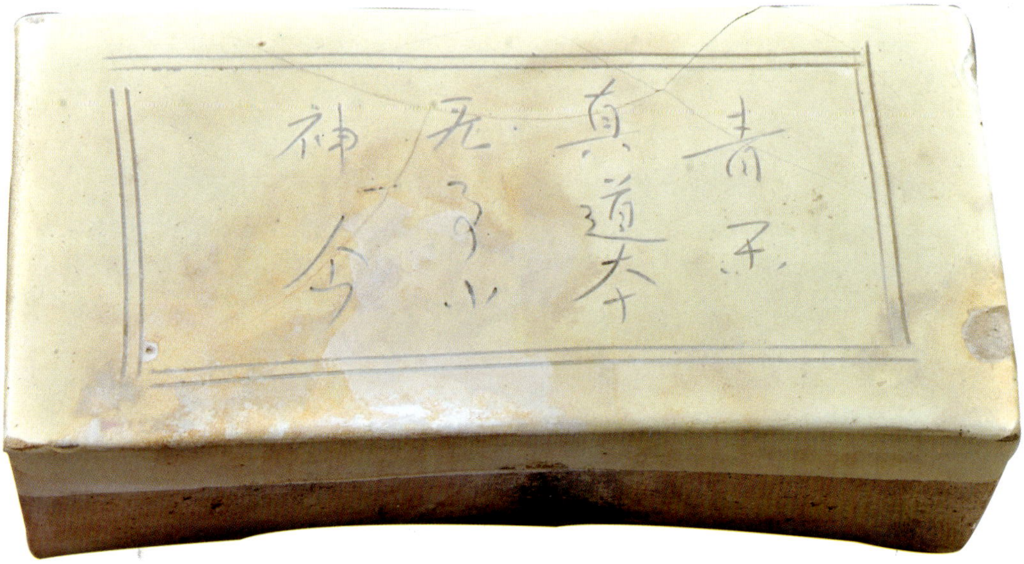

元代山西窑黑釉双猫头枕

Black Glazed Pillow of Shanxi Kiln with Two Cats Heads (Yuan Dynasty)

元代山西窑黑釉双猫头枕。此枕造型独特，猫的造型准确生动，猫头凸起的筋线，产生毛感及猫须，双眼炯炯有神，立显生动可爱。宋元时期多为虎枕，以猫入枕并不多见，想来人们在崇虎的同时，猫也作为宠物进入人们的生活。双头猫的造型尤为特殊，西方文化中，有双头鹰，俄罗斯国徽上的双头鹰形象，代表着这个横跨欧亚大陆的国家，既要关注东方，又要关注西方。双头猫想必没有那么大的含义，但作为瓷枕造型来说，它比较好地处理一种平衡，使人颈部恰好放在曲线上。枕体施黑釉，釉色厚重沉稳。枕底形成枕座，使枕更加平衡，露沙胎。明清时期磁州窑有过大量白釉猫枕，但未见有此造型。此枕虽非出自名窑，但确是一个很好的瓷塑作品。

长39　宽12.5　高16

元代点褐彩绿釉猫枕

Cat-shaped Green Glazed Pillow with Brown Dots (Yuan Dynasty)

元代点褐彩绿釉猫枕。枕通体施黄釉点褐彩，猫作匍匐状。猫和老虎同属猫科，但作为与人类相亲相伴的动物，瓷枕却似乎更青睐老虎，这可能与老虎是百兽之王、有镇魔辟邪作用有关。宋元之前的动物枕中，猫枕十分罕见，但也成就了此枕的珍贵。到了晚清，猫枕又多了起来，我想，这与越来越多的猫成为宠物有关。此猫枕的造型准确，双眼点上褐彩，更显温顺可爱，有了宠物相。此枕产自北方窑系，具体窑址待考。

长33.3　宽9.5　高14

元代褐彩小猪枕

Pig-shaped Brown Glazed Pillow
(Yuan Dynasty)

元代褐彩小猪枕。在古代雕塑枕中以狮、以虎为枕较多见，取其辟邪、祈福之意，也有兔枕、猫枕，这是因为它们也是人类喜欢的宠物，小猪枕就十分罕见，当然猪也列十二生肖。以猪作枕，似乎也名正言顺，理所当然，更何况一种叫香猪的小猪，也成为当今某些时尚人物的新宠，看看这个小猪枕的造型，胖嘟嘟的十分可爱。我想，古人用它作枕，也有祝愿屯满圈满、人畜兴旺之意。枕施酱釉，窑口难判，似乎不是大的窑口。

长28　宽12　高13

元代山西平阳窑长方形『村落家家酒，园林处处花』诗词枕

Cuboid Poetry Pillow of Pingyang Kiln (Yuan Dynasty)

元代山西平阳窑长方形“村落家家酒,园林处处花”诗词枕。枕面用竹笔划出诗句，是一幅硬笔草书书法作品。宋元诗词枕充满了诗情画意，内含太多的文人情怀和抒情寄托，许多佳词丽句在唐诗宋词中找不到原本。这两句诗，今天借来做建设社会主义新农村的口号似乎也还可以用，那就是八百年时空的穿越。枕底为粉红细沙胎，枕壁施半截釉，露胎。

长31.3　宽15.5　高11.2

元代磁州窑戏曲人物故事枕

Drama Story Pillow of Cizhou Kiln (Yuan Dynasty)

元代磁州窑戏曲人物故事枕。宋元瓷枕上的绘画构成了一部宋元时期的绘画史。就宋元时期而言，不同的历史阶段，绘画的主题表现也有所不同，动物纹饰大多见于北宋和金代早期，花鸟画主要流行于宋金时期，而到了金末元初，元杂剧有了很大的发展，戏曲故事和戏剧人物就被搬上了枕面，各种戏剧掌故、历史传说、民间故事，都在瓷枕上得到了反映，有些历史故事已经释解，如李逵负荆、单鞭夺槊、鬼谷下山等。我这个枕的枕面故事，可见一男子手持利刃匆匆从屋内跑出，回首张望，屋内卧榻上躺着一女子，不知这体裁是否是《水浒传》中的宋江杀惜。枕面有如意形画框，四角饰以花卉。枕的四侧均有绘画。正面前侧开光内为大朵牡丹花叶，背侧为开口石榴，寓意多子多福，枕两侧均饰以牡丹，象征大富大贵。一个枕就有多幅绘画，绘画技艺高超，当以元画视之。

长43.5　宽17.3　高13

元代定窑白釉『青山只会磨今古，绿水何曾洗是非』诗词枕

White Glazed Poetry Pillow of Ding Kiln (Yuan Dynasty)

元代定窑白釉“青山只会磨今古，绿水何曾洗是非”诗词枕。 这两句词，出自孔文卿的元曲杂剧《地藏王东窗事发》，讲的是秦绘夫妻东窗设计陷害岳飞，及其后东窗事发，在阴司受罚的故事。这个瓷枕虽为定窑烧制，但工匠的文化水平不高，有错字漏字，谈不上是一件书法作品。在元代的异族统治下，它居然把歌颂爱国英雄岳飞的地藏王菩萨，搬上瓷枕，可见其一腔爱国情怀。定窑胎，相对较薄，到了元代，已不是宫廷的贡器，不像宋代五大名窑时那样风光了，所以，也被人们称为土定。任何一个统治阶级都要保持意识形态的正统性，尊孔崇儒，推崇忠君报国是不会改变的，这始终是宋元审美文化的主流。虽为土定，但定窑枕相对较少，此枕依然可珍。

长23.8　宽16.8　高11.4

會磨今古
渌水何曾
是非

元代山西平阳窑『风雨夜来时，山翁殊不知』诗词枕

Poetry Pillow of Pingyang Kiln (Yuan Dynasty)

元代山西平阳窑“风雨夜来时，山翁殊不知”诗词枕。枕呈长方形，枕侧施半釉，露土黄色细沙胎。枕面用竹笔流利地书写一首诗词：“风雨夜来时，山翁殊不知，平如青石畔，吹折老松枝”。这首诗词未查到出处，但很有生活趣味，想是民间匠人所作，但书写的流利程度，堪称一幅古代的民间书法。

长36.6　宽17　高11

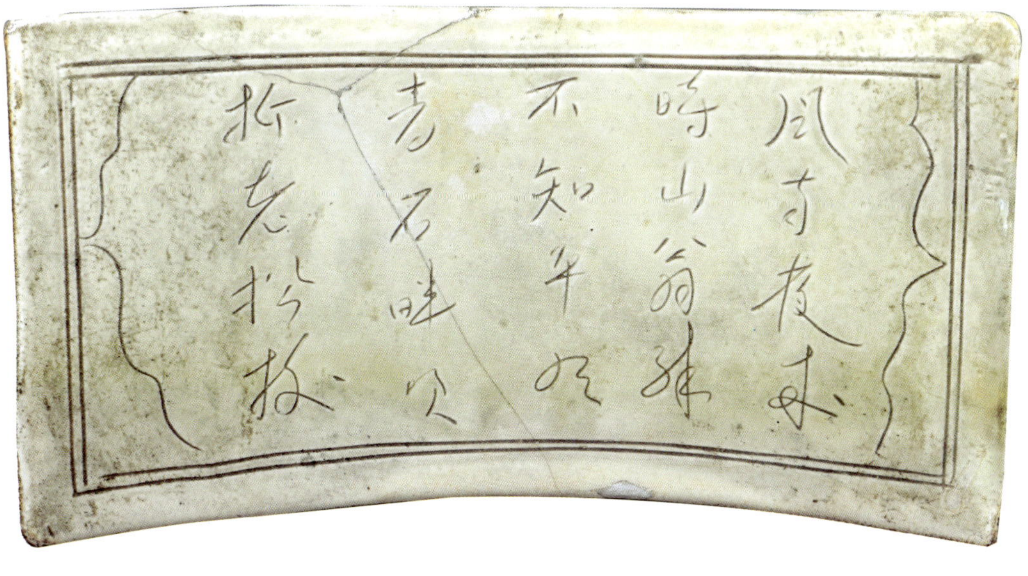

元代山西晋南窑白釉方形『是笑胜如哭，但闲散胜如拘束』诗词枕

Cuboid White Glazed Poetry Pillow of Jinnan Kiln (Yuan Dynasty)

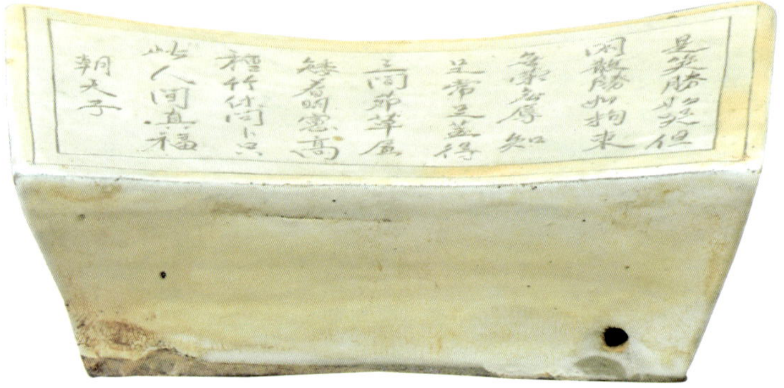

元代山西晋南窑白釉方形“是笑胜如哭，但闲散胜如拘束”诗词枕。枕面用竹笔书写词牌为《朝天子》的叹世小令：“是笑胜如哭，但闲散胜如拘束。无荣无辱，知足常足。盖得三间茅草屋，短着明窗高种竹，休问卜，只此人间真福”。你说是自嘲也好，是自保也好，把辛酸当有趣，在劝导人们随遇而安中，表现了古人归隐文化中恬适与安宁，人们在无可奈何中，也能从隐逸这样一种似乎消极的人生态度中，感受一种幽默美，一种自嘲美，一种悲剧美，一种随遇而安的智慧美，正是从这样一种看似消极的隐逸文化中，人们发现、看到了美。

长26.5　宽12.3　高9.8

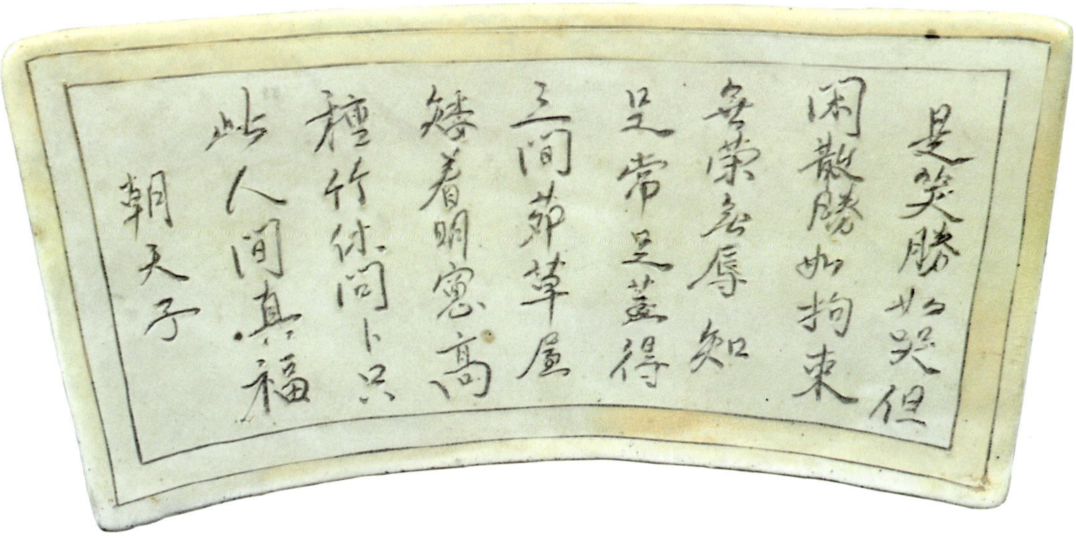
是笑勝如哭但
閑散勝如拘束
三间茅草屋
此人间真福
朝天子

明代暗八仙麒麟花卉束腰形枕

Cuboid Pillow with Kylin,Flowers & 『Covert Eight Immortals』(Ming Dynasty)

明代暗八仙麒麟花卉束腰形枕。此枕的枕式在宋代比较流行，而此枕却为明代烧造。枕面的图案为暗八仙麒麟纹。麒麟是从狮子演变而来的古代瑞兽。而暗八仙是神话传说中的八仙演化而来，八仙手中所持的法器图案代替了八仙，八仙是铁拐李、钟汉离、张果老、何仙姑、蓝采和、吕洞宾、韩湘子、曹国舅。这个瓷枕上出现的暗八仙不全，也就是取其意而已。枕侧绘花篮、牡丹和缠枝花卉。在枕一侧有四个垫烧痕，并设气孔。枕釉色鲜亮，呈菊黄色，叶片用褐釉绘出，麒麟、花卉及四侧云纹均填白彩，图案富有装饰性，华美亮丽。

长25.5　宽10.7　高12

明代井陉窑麒麟花卉束腰枕

Cubaid Pillow of Jingjing Kiln with Kylin & Flower Pattern (Ming Dynasty)

明代井陉窑麒麟花卉束腰枕。枕一侧有四块垫烧片，此为井陉窑的典型特征。枕为长方形，上侧形成弧线，这一种束腰枕一般为宋金之物，但图案却用青花绘出，可知井陉窑一直延烧到明清。枕制作规整，施浅黄釉，用青花绘制麒麟图案。另有暗八仙中的四件图案。《说文解字》称：“麒，仁兽也，麇身，牛尾，一角；麐（麟）牝麒也”。麒麟配以八仙所执各种宝物，是典型的八宝麒麟图，蕴含庆寿祝福之意。开光内的图案，为青花加白，以明宣德青花加白最为有名。枕面四角，用白釉绘出流云。枕侧分别绘兰、菊、竹、荷花、牡丹等花卉，并在有垫烧痕气孔一侧，书“修身养性”四字。灰胎底。此枕多种工艺并用，制作规整、精巧。

长24　宽9.8　高11

清代磁州窑孩儿枕

Kid-shaped Pillow of Cizhou Kiln (Qing Dynasty)

清代磁州窑孩儿枕。明清以降，磁州窑已从宋金时期的辉煌逐渐走向衰落，很多技艺均已失传。然而，这一孩儿枕，却再现了瓷枕烧造历史的辉煌。在宋元瓷枕中，尚未见到这样形神肖似的象生雕塑枕。孩童双膝、双肘触地，匍匐向前，腹部悬空，与一般卧枕相比，这就给烧造增加了难度，稍一把握不好，就可能造成变形、塌陷。孩童头微微上扬，面带笑容，一幅可爱、喜庆的模样。这就是几百年前中国式的芭比娃娃。尚不清楚，此枕是清早、中期烧制，还是清末朝廷颁行“新政”，奖励工商、振兴实业的产物。如是清晚期，那就可以说，磁州窑烧造的瓷枕，一定程度上也沾了“同光中兴”的光。邯郸市博物馆有此类枕收藏。

长37　宽15　高22.5

清代磁州窑妇人枕

Woman-shaped Pillow of Cizhou Kiln
(Qing Dynasty)

清代磁州窑妇人枕。元明以降，磁州窑逐步衰落。到了清代，许多磁厂都已关闭。到了晚清，洋务运动举办实业，“同光中兴”也给磁州窑带来了发展的机遇。这个妇人枕，就是一个代表性的作品。此枕十分写真，所卧妇人反映了当时的审美品位，柳眉细眼，樱桃小口，皮肤白皙，小脚可握，是那一时代的标准大美人。枕施彩釉，应为一雕塑精品，古代瓷枕不应忽略了这一时代的典范之作。枕底有墨书文字，有凤求凰之意，应为当时买枕人所书。。

长25.3　宽15.3　高9.3

晚清钒红两开光彩绘人物故事枕

Iron-red Glazed Pillow with Two Story Paintings (Late Qing Dynasty)

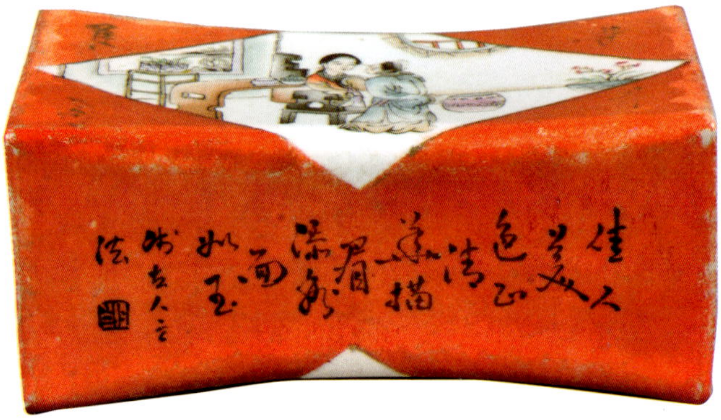

晚清钒红两开光彩绘人物故事枕。晚清至民国有一批画家，甚至御窑场的画师，参与到浅绛彩和粉彩的创作，这件作品的作者刘荣盛即为其中之一。所画两开光瓷枕，一为张敞画眉，一为闺中对弈，都是讲的夫妻恩爱、相敬如宾、和和美美的故事。枕两侧所题句为：“佳人美色正清华，描眉添粉面如玉”，“朱颜淑德性温和，闺中对弈趣味长”。枕署甲辰年款，即为光绪三十年，1904年。

长18　宽10.2　高7.2

清乾隆青花凤鸟牡丹枕

Blue & White Porcelain Pillow with Phoenix & Peony Pattern (Qianlong Period, Qing Dynasty)

清乾隆青花凤鸟牡丹枕。枕呈长方状，四面皆有青花绘画，两侧为镂空图案。所用青花料，虽不及康熙翠毛蓝那样的艳丽，却多了一分沉稳。凤鸟牡丹是传统的吉祥图案，象征富贵吉祥、有凤来仪。画工流畅、细腻，边上饰以流云纹。枕两侧镂空呈铜钱花纹，四角饰以蝙蝠纹，象征“福”到眼前。此枕应为景德镇窑产品。

长17　宽12.7　高7

清晚期四开光钒红幽篁高士枕

Iron-red Glazed Pillow with Four Paintings of Bamboo Forest & Learned Man (Late Qing Dynasty)

清晚期四开光钒红幽篁高士枕。瓷枕表现了王维诗《竹里馆》中“独坐幽篁里，弹琴复长啸。深林人不知，明月来相照”的意境。此枕没有落款，但画意幽远，笔法高古，当为浅绛彩名家所作，自可珍之。为景德镇窑产品。

长14.8　宽11.6　高6.1

清嘉道天鹅牡丹竹叶枕

Pillow with Swan, Peony & Bamboo Pattern (Jiaqing & Daoguang Periods, Qing Dynasty)

清嘉道天鹅牡丹竹叶枕。此枕很好地展示了青花的绘画功能，所谓的墨分五色、淡湿有度得到很好的体现。枕的四个平面，展开后是一幅完整的绘画，分隔成四个侧面，又呈四条屏。绘画技艺生动、娴熟，巧妙地留白，使画面有空间感。两侧的镂空图案，自有象征装饰意义，为景德镇窑产品。

长25.3　宽15.3　高9.3

清道光五罗汉元宝形枕

Shoe-shaped Pillow with Lohan Pattern (Daoguang Period, Qing Dynasty)

清道光五罗汉元宝形枕。“罗汉”一词是从印度梵文“阿罗汉”转译过来的。在中国佛教和民间传说中，有五百罗汉、十八罗汉、十三罗汉、十一罗汉等之说，此枕中出现的五个罗汉，或持杖、或托塔、或持净瓶，身披袈裟，手持念珠，慈眉善目，端坐蒲团，人人法相庄严。罗汉画在中国绘画当中，已是一个小的品种，近代的著名画家中，钱化佛、钱瘦铁等就以画罗汉著称。枕两侧有镂空钱纹，书如意吉祥，周围三只蝙蝠环绕。枕底书“大清道光年”制，款识书写规范、工整，可见此瓷枕应为道光官窑产品，瓷枕上落官款十分少见。

长19　宽13.2　高15.5

如意吉羊

清晚期青花墨彩山村荷花枕

Blue & White Porcelain Pillow with Lotus & Village Scenery (Late Qing Dynasty)

清晚期青花墨彩山村荷花枕。清晚期磁州窑有一个新的发展，由于洋务运动，推动了中国近代的工业化，磁州窑的窑场也有不少技术上的进步，这得益于“同光中兴”。磁州窑第一次烧制青花瓷器，还把墨彩、浅绛彩搬了过来，只是磁州窑没有景德窑的高岭土，烧制不出坚硬、洁白的瓷胎。这个枕的枕面是一幅山村小景，枕两面一侧是菊花盛开，一侧为荷塘清晖。此枕可视为晚清磁州窑的绘画典范之作。

长25.3　宽15.3　高9.3

附录1

美哉！诗词枕

我喜欢收藏古代瓷枕，尤其是宋元瓷枕。在我看来，瓷枕的文化内涵尤为丰富，其中的宋元诗词枕，简直就是一个宋元文学的缩影，也是宋元书法的大观。诗词留枕，应始于唐代，在长沙铜官窑的执壶和瓷枕上，留下文字装饰的瓷器据说见之著录的有七十多件，其中有诗词的瓷枕仅一件。在狮子背负的枕面上留有“日红衫子合罗裙，尽日看花不厌春，更向妆台重注口，无那萧郎悭煞人”。写的是少女对情郎的相思，这里用了萧史与秦穆公的女儿双双乘凤御龙升天的典故。此枕已定为国家一级文物，并收入《中国记忆——五千年文明瑰宝》一书。

宋代书有文字的瓷器那就多了，其中又以瓷枕为甚。瓷枕，一个规整平坦的枕面，犹如一幅宣纸斗方，宋代釉下彩工艺的采用，在瓷胎上刷上化妆土，书家、画家可以使用毛笔肆意挥洒，运笔自如，墨色可以渗透到瓷胎中，使其有了宣纸的晕染效果，黑白对比强烈，色彩鲜艳，增强了字体的厚重感，再罩上透明釉高温烧成，不怕磨损，便于永久保存，难怪文人墨客对瓷枕是如此钟情。宋元，是中国文学艺术发展的又一个高峰，仅以诗歌而言，唐代有诗歌创作传世的作者有三千三百多人，而宋代达八千九百多人，唐诗留传下来有五万多首，而宋词多达二十万余首。同时宋人又对唐诗的成就顶礼膜拜，老老实实地学习，这就使唐诗、宋词、元曲这三大中国文学艺术的高峰，都得以张扬。吟诗写诗，不仅是文人身份的标志，老百姓的世俗生活也深受熏陶，使其成为宋代日常生活的一部分。从中国审美文化史的角度看，宋元诗词书法枕确实全面展现了宋元审美多向度的趣味，展现了其审美创造性以及把中国审美文化推向一个新的高峰的历史地位。

我本人收藏有300多个古代瓷枕，其中宋元诗词书法枕就有八十多个，这里谨就我的收藏，对宋元诗词书法枕的审美取向，作一评析。

“精神见于翰墨”的“崇高美”

古往今来，中国文人向来就有“文以载道”的传统。宋代又是一个由释返儒、以儒立国，强调人格理想、重理重道的王朝，南宋的皇帝赵构在《翰墨志》中就提出了“精神见于翰墨”的主张。与宋代书法发展史和审美文化史相对应的是，宋代书法最先在瓷枕上表现的是“颜体”书法。本来作为书法载体的瓷枕，更适宜表现的是行草书，因为在瓷枕上书写不同于宣纸，它是在瓷胎未干时书写，必须快捷，只能用悬腕来进行。颜真卿的楷体在宋初时受到皇家的推崇，这与宋代理学的兴起有直接关系。颜真卿不仅因为书法成就而被尊为中国书法的“亚圣”，其地位仅次于“书圣”王羲之，而且因为他满门忠烈，体现了儒家忠君报国的理想人格，成为宋王朝理想道德楷模。米芾在《书史》中早就评说：“韩忠献公琦好颜书，士俗皆学颜。”现藏英国大不列颠博物馆的《家国永安》珍珠地枕“家国永安”四个大字，雄阔端庄，沉稳遒劲，颇有颜体的风范。而我收藏的“静观鱼读月，笑闻鸟谈天”枕，显然也为颜体的典范。我撷取《颜家庙碑》中的“静”、“观”等字与诗词枕的字作一比较。《颜家庙碑》系颜真卿72岁时为其父所立，当为颜氏晚年楷书代表。而此枕上的“静”、“观”二字，与《颜家庙碑》中的“静”、“观”二字比较，笔力雄健，结体缜密，如出一辙。书者尽管可能只是一工匠，但肯定是颜体书法的得心应手者。我还有另一瓷枕，所书为“寿山福海”，也有明显的颜意。

虽然其后宋代四大书家苏、黄、米、蔡大力推行“尚意”的书法改革，打出了创新的旗帜，中规中矩的“尚法”书法受到冲击，瓷枕上的颜氏楷体书法少了，但当宋代面临异族入侵，积贫积弱，甚至山河破碎，不得不偏安一隅的情况下，爱国忠君观念自然也被大大地张扬。抗金英雄岳飞的故事，早在南宋末年，就被说书人编成故事而广为流传。洪迈《夷坚志》中则有秦桧夫妻设计陷害岳飞，及其后东窗事发，在阴司受罚的故事。我收藏一方瓷枕就刻有“青山只会磨今古，绿水何曾洗是非”句。两句元曲出自孔文卿的杂剧《地藏王东窗事发》，该杂剧已佚，但这两句元曲，却把这一故事保留下来。元代已是异族统治，这个瓷枕应为北方窑口的定窑烧制，可见即使是异族的统治者，也一样要保持意识形态的正统性，尊孔崇儒，推崇忠君报国是不会改变的，这始终是宋元审美文化的主流。

统治阶级的主流意识形态，必然会贯彻到社会生活的方方面面，匠人所反映的民间爱国情怀更为明显。我收藏有一方瓷枕，在已绘制釉下彩花卉的枕面上，用竹笔刻上“怀着日月，秀毓山河”八个字。反映了在河山破碎、亲人离散、内忧外患的国势下，民间匠人的“国家兴亡，匹夫有责”的忧患感、责任感。这八个字，真正赋予了这个瓷枕以精神美和崇高美。

唐宋著名诗人的诗词书于瓷枕上不乏其人，洋洋洒洒，可以开出一张长长的名单。然而出现在瓷枕上最多的，除了李白、杜甫这样人气极高的著名诗人外，范仲淹、苏东坡也都在列，我想这既与他们的艺术成就、其人其作在老百姓中的普及程度有关，也不可否认的是范仲淹的“先天下之忧而忧，后天下之乐而乐”所产生的影响使苏东坡虽几经贬谪，却依然心系朝廷、始终不改爱国情怀有关。看来老百姓心中的明星诗人，还是与他们心中的爱国亲民形象联系在一起的。从这个意义上讲，诗词枕也张扬了一种向往崇高的审美追求。

“江清月近人”的“自然美”

宋元诗词枕，有许多寓情于景、描绘和歌咏自然美的诗词。陶醉于自然景物，这实际上反映了宋元审美情趣的一个重大转变。我们可以看看汉代画像石和唐代壁画，虽然也有“弋射收获”这样对自然景物的描述，但更多的则是神仙世界和宴乐骑射，人们追求的是一种沉湎于功名利禄、世事尘情的“富贵之乐”。而宋元时期，由于儒释道三者的合流，作为引领社会审美风尚的士大夫阶层的审美取向也发生了某些改变。虽然“花间派”诗人和“柳永体”仍表现中晚唐以来对声色犬马的某些沉溺，但更多的则是转向了另一个崭新的审美世界，那就是自然风景和山水花鸟世界。

我国古代自然美观念，先秦以儒家的“比德”为主，而魏晋南北朝的“畅神”，以及人们常讲的晋人“尚韵”，则已包含着某些推崇自然美的觉醒与自觉。而到了宋元时期的“尚意”则包含了顺应自然、趣味天成的哲理。对社会审美潮流起着引领作用的士大夫阶层，在“穷山水登临之美”与“览人物之盛丽”，以及“山林者之乐”与“富贵者之乐”之间，重心显然是放在了“自然美”上。宋代的“山水画”、“花鸟画”都达到中国古代美术的高峰，作为文学重要内容的诗词，自然也形成了中国古典诗词的又一个高峰。瓷枕上收录的唐诗、宋词、元曲，自然也收入了很多山水诗和佳词丽句。

唐代孟浩然的《宿建德江》，全诗为“移舟泊烟渚，日暮客愁新，野旷天低树，江清月近人”。一个金代磁州窑诗词枕，收录的恰恰是这首诗中最为精彩的“野旷天低树，江清月近人”。设想一叶扁舟轻轻靠在烟雾朦胧的水涧边，此刻，远处的天空似乎比树木还低，而映在水中的明月此刻也触手可及。天人合一，忘情无我，人的身心完全融入了自然。此枕的书法大气流畅，一气呵成，在这样一种美到极致的自然氛围中入睡，还有什么荣辱得失不能忘却呢。

宋代宰相寇准的诗句“野水无人渡，孤舟尽日横”，很受时人的喜爱。此句最初出自唐代诗人韦应物的《滁州西涧》中的“野渡无人舟自横”句，寇准在《春日登楼怀归》中对此句作了改造。两诗比较，我更喜欢寇诗，因为他把自己完全置于自然环境中。“高楼聊引望，杳杳一川平”，再引出“野水无人渡，孤舟尽日横”，而后的“荒村生断霭，古寺语流莺，旧业遥清渭，深思忽自惊”。我们完全可以感受作者初任巴马知县，面对空旷田野，登楼远望，荒村、野寺、流莺，一片苍茫，不能不引起游子对故乡的思念，对旧业的依恋，以及深思后的自惊。是诗，更似画。我有两个分别书有此联的枕，一为毛笔书写，应为宋金时期；一为元代平阳窑的，当为竹笔划出。无怪乎宋徽宗设立画院时，以此为题，让画家们以诗入画。有的画一空舟系于岸边，有的画一鹭鸟立于船侧，有的干脆画一孤鸦栖于船篷，独有一画家画一梢公卧于船尾，中间置一横笛，引人无限遐想。

人们才悟到“野渡无人”原来是无要摆渡之人。既无摆渡之人，那么梢公自然只能酣然入睡，听凭“舟自横”了。“非无舟人，只无行人”，使画面呈现一种荒凉感，人们从诗里能够读出一种宁静、缓慢、伤感、安逸和悲凉。

由于枕面的限制，宋元诗词枕多以对仗工整的联句入枕。如反映农家田园生活的“细草烟深暮雨收，牧童归去倒骑牛”。在细雨濛濛中，薄雾迷蒙，倒骑在牛背上悠然牧归的是一顽皮的牧童；“村落家家酒，园林处处花”，又使人们眼前一亮，这不正是我们熟悉的山村小景吗？是那样的阳光明媚，春光洋溢，花团锦簇，充满了生活气息；而晏殊的“楼台侧畔杨花舞，廉（帘）幔后面燕子飞”，则使整个画面都活跃起来，一个杨花舞，一个燕子飞，人们就知道，万物复苏的春天来了；韦庄的“野花合雨折，怪石入云寻”更使我们触摸到这位“花间派”开宗诗人是怎样用温婉之词，使人“肠未断而心先摧”的。这些佳词丽句，就像一幅幅水墨小品，韵味十足，有很强的画面感，人们不仅可以读到，而且可以看到、听到，甚至嗅到自然的气息，实实在在地感受到，枕着这样的诗词枕，怎不让人心旷神怡、梦游巫山。

在我收藏描写自然景物的诗词枕中，《词寄月中仙·咏潇湘八景》枕深为我爱。此书元曲一百零五字，加标题一百一十字，用篆书写成。“独倚危楼，向春来玩，赏山市晴岚，青红挥绿。见樵人相呼，独木桥边，渡口渔村落照。乍雨过，西山畔轩，远浦帆归岸。羌笛数声，幽韵孤峰伴。摇（遥）指酒旗高悬，望滩头隐隐，平沙落雁。潇湘夜雨，打松霜惊。山僧归禅，洞庭秋月圆。听堂（烟）寺晚钟，声潜远，暮雪江天。景堪图画，入屏仗看。”这首词十分巧妙地将“山市晴岚、远浦归帆、平沙落雁、潇湘夜雨、烟寺晚钟、渔村夕照、江天暮雪、洞庭秋月”八景嵌入其中。“潇湘八景”早在北宋科学家沈括的《梦溪笔谈》中，就有详细描述。著名画家宋迪为此创作了大量的山水画，大书法家米芾又乘兴为这些画作诗题跋，遂有“潇湘八景”之说，成为后世不少文人墨客争相吟诵、描绘的题材。直到今天，沿洞庭湖的这些风景，仍是游人如织，真乃千古不衰。此枕由篆书写成，这在宋元诗词枕中是不多的，一方面是因为用毛笔在瓷器上书写有一定的困难，不如草书来得方便；另一方面，宋代苏、黄、米、蔡四大家倡导的书法革新，强调“尚意”之说，使得能写篆书的书家已是凤毛麟角，不期一个工匠竟能用古意盎然的篆书写出如此秀美遒劲、规整稳健、字字珠玑的书法，更使此枕显得尤为珍贵，更能体味宋元从士林到工匠都崇善自然、寄身山林，以山石林泉为乐的审美情趣。

“满船空载月明归”的“禅境美”

宋人主张儒释道三教合一的一团和气，“虎溪三笑”讲的是陶渊明、陆静修同访惠远法师，送别时，三人相谈甚欢，不知不觉中已跨过虎溪。于是宋代便有石恪绘制的“三笑图”传世。

以禅入诗并非从宋始，早在中唐时期就已蔚然成风，全唐诗所载僧诗就有约800首，诗僧入选的即有40多人。而到了宋代随着禅宗的进一步发展，取得了佛教众多教派中的统治地位，其所主张空灵理念，玄想顿悟，“我心即佛，佛即我心”暗含了中国传统的老庄哲学要求亲近自然、获取心灵解放的泛神论，宋人崇善自然、平淡，这就使“禅境美”、“玄想美”也进入了宋人审美体系的主流。对宋代美学起到引领作用的苏东坡、黄庭坚、米芾等人都深受禅宗影响，他们不仅与禅师交往密切，而且把禅宗的不少理念，转化为他们具体的艺术主张。严羽的《沧浪诗话》中更直接主张“学诗深似学参禅”。这种主张又进一步渗透到社会生活中，成为社会审美主流的一部分。所以，在瓷枕的诗词中，就有不少的禅诗。

我有一方与广东南越王博物馆收藏的金代诗词内容一样的腰形枕，枕上所书为中晚唐时德诚禅师诗作：“千尺丝纶直下垂，一波才动万波随。夜静水寒鱼不食，满船空在（载）月明归。”其中两句。前两句描写的是垂钓者把鱼钩抛出，平静的湖面荡起涟漪，水动反衬夜静，而水寒鱼不食，无功而返。夜静水寒，空在（载）明月，营造出空明自在的玄思禅境。这正是佛教、禅宗追求的无欲无求、空灵自在、忘我无为的境界。德诚禅师隐居于吴江畔，常乘小船往来于松江，以垂钓度日，被称为“船子和尚”。南宋普济所编禅宗典籍《五灯会元》中就载有船子和尚的《钓鱼偈》六首，《七言绝句》和《渔歌子》各三首。两句诗选自七言绝句其三。

我收藏的另一方腰圆枕上，书杜甫《山寺》中的两句，全诗为“野寺残僧少，山原细路高。麝香眠石竹，鹦鹉啄金桃，乱山通人过，悬崖置屋牢。上方重阁晚，百里见秋毫”。杜甫是一个身处离乱时期，深怀报国之心和忧患意识、同情民间疾苦的爱国诗人，显然没有以禅入诗的闲情逸致，然而这首《山寺》的“野寺残僧少，山塬细路高”，却也暗藏禅意。这是一所荒废多年的寺庙，没有什么香火，剩下的僧人自然是不多了；这是一条通往山顶的小路，越往上攀登，离山顶越近，小路也就越窄，越难攀登。两句诗堪称绝妙，富含哲理，野寺对山塬，细路对残僧，一个高对一个少。山越高，路越细，寺越荒，僧越少，这里包含了多少的禅思和玄想。我想，在安史之乱后，杜甫流寓秦州（今甘肃天水），当他登临石窟时，曾经兴于北魏，被称为佛国伽蓝，敕为灵安寺，隋为净念寺，唐为应乾寺，都有过兴盛香火的麦积山，却在安史之乱中凋零，面对幽峭山势，高阁险径，以及战乱造成的破败萧条，感怀凄凉，人生无常，大慈大悲之心难免油然而生，即便不以诗入禅，也难避免几丝禅意了。

另一个书有“明知空手去，刚惹业随身”的诗词枕，应为一佛家偈语。“刚”，当为“金刚经”，“刚惹”应指“般若经”与“金刚经”的合称。它反映的就是禅宗的“空”、“无”观念。这个枕的书法，显然是吸收了苏轼书法多取侧势、左低右高的特点。书家运笔迅疾，笔意工拙，扁平稍肥的结体，使其错落有致。当为瓷枕书法的上品。我们将此枕书法与苏轼的《寒食帖》作个比较，可以看出书者对苏体是下了工夫的。苏东坡追求飘动隽逸、以韵取胜的“尚意”书法理念与禅宗追求的“空灵”是相近的，这又增加了这副对子的禅思玄意。故宫博物馆有此类似枕收藏。

还有一个书有五代著名画僧贯休《晚望》诗的瓷枕，全诗为“落日碧江静，莲唱清且闲。更寻花发处，借月过前湾。”枕取前两句，用竹笔划出。贯休是唐末五代的著名画僧，七岁便已出家，曾日诵《法华经》千余字，过目不忘。贯休又喜作诗吟对，深得“禅道惟在妙语，诗道亦在妙语”之真谛。明代扬慎给他很高评价，在《升庵诗话》中称赞他“贯休诗中多新句，超出晚唐”。贯休喜用叠词，“一瓶一钵垂垂老，万水千山得得来”，使他得到了“得得来和尚”的雅号。“落日碧江静，莲唱清且闲”，人们在尘世的繁忙中，一下就安静下来，枕着这样的瓷枕睡觉，想必一定会心淡如水、宠辱皆忘，心净、境静、神空，这正是宋人精神美学的追求。

“闲散胜如拘束”的“隐逸美”

中国的隐逸文化历史深远，“商山四皓”、“竹林七贤”、“渊明爱菊”等故事早已说明，在社会动荡、政治险恶的时局下，特别在两晋、唐末、五代，不少文人士大夫的隐逸山林，自娱山水，不能不说是他们借以自保，且能于笔墨中求得些许乐趣的途径。如果说金元时期面对异族入侵，特别元代统治者一度废除科举，断绝了知识分子的晋升之路，使他们不得不遁迹山林的话，那么宋初虽政治、社会稳定，统治者尚文抑武，仍有一部分文人士大夫包括不少达官显宦，退休后归隐山林，追求一种无拘无束、自由自在的生活，则是与隐逸文化构成宋代主流审美体系的一部分，成为一种时尚有关。

在我收藏的一方元代平阳窑瓷枕中，用竹笔划出有“金马玉堂三学士，清风明月两闲人”，这是欧阳修《会老堂致语》中的两句诗。宋熙宁五年四月，80多岁的赵概从南京（今天的河南商丘）来颍州（今天的安徽阜阳）西湖探望欧阳修。赵概在朝时曾与欧阳修约定，告老还乡后要不时互访。欧阳修腾出居室西堂安置赵概，并名之曰“会老堂”。时任颍州知府的吕公著设酒宴款待欧阳修和赵概二人，并陪同游湖、饮酒、赋诗，相聚月余。欧阳修特作《会老堂致语》，以记其盛。“三学士”，是欧阳修、赵概和吕公著，“两闲人”自然是已告老还乡的欧阳修和赵概。欧阳修在朝时，虽然也是一等文章的大才子，但他最为有名的《采桑子》共十三首，均为以观文殿学士、太子少师致仕、退休回颍州私宅居住之后。可见隐逸给了他们施展其文学才华的更大机会。

到了元代，山林隐逸成了元曲的重要题材。“马上得天下”的元代统治者，一度废除科举取士制度，文人动辄得咎，大部分士人沉沦于社会底层。我收藏的一方元代磁州窑枕上书《山坡里羊·叹世》：“风波实怕，唇舌休卦（挂）鹤长鹤（凫）短天生下，劝鱼（渔）家，共樵家，从今莫说贤鱼（愚）说（话）。得道助多失道寡，渔（愚），也在他，贤，也在他。”这支散曲的作者为陈草庵，与元曲大家关汉卿为同时代人。他曾为官，奉使宣抚江西、福建，以左丞经理河南钱粮、佥按司事等职。元代统治者把人分为四等，蒙古人、色目人、汉人、南人。在汉人为官，仅占总人数4%的情况下，陈官居宣抚、左丞已属难得，他仍感处世艰难。在他26首传世小令中，基本都是感叹时艰、左右为难的题材。不仅“劝鱼（渔）家，共樵家，从此莫说贤愚话”，因为“愚，也在他，贤，也在他”，而且“天公尚有妨农过，蚕怕雨寒苗怕火，阴也是错，晴也是错”。“功名尽在长安道，今日少年明日老。山，依旧好，人憔悴了”。在这样的大环境下，隐逸文化大行其道自是顺理成章的了。

隐逸成为一种时尚，也就有了审美的价值，在瓷枕上这样的文字还很多。有一方瓷枕上书的是王哲的《憨郎公》中的两句“清闲真道本，无事小神仙”。另一方则书：“先生不面归何处，空余藤花满园香，欲写姓名无纸墨，马鞭划破绿苔墙。”人们能从中细品出一丝苦涩。但就是一杯酽茶，也比一杯白水有味。还有一首词牌为《朝天子》的叹世小令，更把辛酸当有趣，在劝导人们随遇而安中，也表现了归隐文化的恬适与安宁：“是笑胜如哭，但闲散胜如拘束。无荣无辱，知足常足。盖得三间茅草屋，短着明窗高种竹，休问卜，只此人间真福”。你说是自嘲也好，是自保也好，人们从其无可奈何中，也能从隐逸这样一种似乎消极的人生态度中，感受一种幽默美，一种自嘲美，一种悲剧美，一种随遇而安的智慧美。正是从这样一种看似消极的隐逸文化中，人们发现、看到了美。

“酒入愁肠化作相思泪”的“寄情美”

宋诗宋词，怎一个情字了得，从壮怀激烈的报国之志，到委婉凄美的思乡别情，无不丝丝入扣、动人心魄。这不是宋人天生的多愁善感、无病呻吟，而是时势使然。内忧外患始终伴随了两宋至元的历史，无论是基于爱国热情的慷慨愤世，还是成为亡国遗民的感喟哀时，豪放与婉约，这两派的骚人墨客都在寄情上找到了共同点。这是一个人们的情感世界最为丰富的时代，留在瓷枕上的诗词，为我们见证了这个时代情感寄托的滥觞。托物言志、寓情寄物，与人最为亲近的枕头，自然成了情感宣泄最好的载体。

范仲淹的《苏幕遮》，通过对秋景的描述，抒发了诗人的离乡之愁、亡国之痛：“碧云天，黄叶地，秋色连波，波上寒烟翠，山映斜阳天接水，芳草无情，更在斜阳外。黯乡魂，追旅思，夜夜除非，好梦留人睡。明月楼高休独倚，酒入愁肠，化作相思泪。”碧天、黄叶、翠烟，渲染夕阳下的秋景，乡魂、旅思、愁肠，映衬客子离愁。离情可伤，却柔而有骨，不失胸襟的开阔。这方瓷枕选中范仲淹的《苏幕遮》，黯然神伤的他乡之魂，旅居异地的愁思离情，只有做着家乡的美梦才能入睡，表达了人们期望国家统一、社会安定、亲人团聚的情感，引起人们的情感共鸣。诗词美，更配上潇洒的黄庭坚书体，使这个瓷枕的审美价值大大提升，深为我爱。

曾任参知政事、拜右丞相兼枢密使，封崇国公的高官吴潜，却是一个词风近似辛弃疾，壮怀激烈、感性十足的词人。他两次入相，又两次罢相，垂暮之年，仍称：“臣年将七十，捐躯致命，所不敢辞”，主张积极抗金，清除奸佞。他曾被奸臣贾似道等人排挤，所发“报国无门空自怨，济时有策从谁吐”，虽是为友人鸣不平，却也抒发了诗人自己的愤懑。这首《如梦令》：“江上绿杨芳草，想见故园春好。一树海棠花，昨夜梦魂飞绕。惊晓，惊晓，窗外一声啼鸟。”情真意切，抒发了诗人触景生情，由江上的绿杨芳草，勾起对“故园春好”的怀念，更以景喻物，寄托了对祖国大好河山的怀念和赞美，而“一树海棠花，昨夜梦魂飞绕”想来做的是思乡报国梦。而“惊晓，惊晓，窗外一声啼鸟”，作者的睡梦，不意却被“一声啼鸟”打断，有声有色，大大强化了作者的思乡情怀，读来十分感人。此枕的书法大气流畅，行笔温婉媚雅，潇洒娴熟，多取侧势，扁平稍肥的结体，很有点苏东坡“尚意”书法的味道。而苏东坡所作的一首《如梦令》：“曾醉桃源西宴，花落水晶宫殿，一枕梦初惊，人世光影如电。”用竹笔书在磁州窑的瓷枕上。词尚缺后面的两句“飞燕，飞燕，不见当年人面”。它感叹的是人生短暂，醉梦中出席了西王母所设的桃源西宴，酒醉后似乎又去了龙王爷的水晶宫殿，然后“一枕梦初惊”，才发现这是“黄粱梦醒”，发出“人世光阴如电”的感叹。人生是如此的短暂，时光是这样的匆匆，而“当年人面”依稀还在梦中，对故人的思念以及人生短暂的感叹，都通过梦境的描写抒发出来。苏东坡的诗词一再出现在瓷枕上。中国磁州窑博物馆收藏有苏东坡另一首《如梦令》枕，我恰好也有一个写有此词的大梅瓶：“为向东波（坡）传语，人在玉堂深处，别后有谁来。雪压小桥无路，归去，归（去），江上（一）梨（犁）春雨。”这两首《如梦令》都反映了在“乌台诗案”导致其被贬黄州后，苏东坡在城东垦田五年之久，有了一个小小的世外桃源。苏轼将此地命为东坡，东坡先生的号也由此而来。他平反回到京城后，常常忆及在黄州的日子，留下了深深的思念，也成就了不少思人寄情的佳词名篇。将这样的《如梦令》留在瓷枕上，使外在的美更增添了许多的情感内涵。读词卧枕，想必也心潮难平。

“有花方饮酒，无月不登楼”的“雅致美”

引领宋元审美潮流主体的是士大夫文人阶层，他们的审美品位和兴趣，决定了宋元审美的向度和主导。从衣食起居到装饰陈设，从志向追求到闲情偶寄，从形而上到形而下，无不表现出一种超凡脱俗，“郁郁乎文哉”的雅致相。宋瓷在中国陶瓷史上有很高的地位，其表现的审美品位是色彩的素雅含蓄，器型的儒雅古朴，线条的典雅清秀，总之，将“雅”字推到了极致。反映在诗词枕上的文字，自然是追求一种清新典雅的诗情画意美。即便是工匠所为，也处处表现出文人的审美趣味。

我收藏一方书有“有花方饮酒，无月不登楼”的元代山西平阳窑诗词枕，就可见当时人们生活上的精致和悠闲。此句出自元代无名氏创作的杂剧——《苏子瞻醉写赤壁赋》，描述苏东坡被贬黄州，中秋夜，与黄直、佛印禅师同游赤壁，醉中写下赤壁赋的故事。全剧分四折，被收录于《古名家杂剧本》和《元明杂剧》。其中的《贺新郎》：“我这里停骖举首猛凝眸，凭在这十里长亭，众兄等候。（贺云）将酒来，与学士饮一杯荡寒咱。（正未唱）你道是劝君更尽一杯酒，则怕酒入愁肠转更愁……（贺云）学士，你看风景如花飞万片，正好饮几杯……（秦云）学士，异日必有相会之期。（正未唱）再谁想‘有花方饮酒，无月不登楼’。”明万历年间编的《增广贤文》收入此诗句，为“有花方酌酒，无月不登楼”。我由此想到，去年年末全球难得见到的月全食，北京竟然没有多少人出户观看，生活节奏那么快，有谁还讲究“登楼”要“有月”，“饮酒”要“有花”呢？我们的生活质量和生活品位未必在所有方面都超过了古人。

宋元诗词枕充满了诗情画意，我不忍称制作者为工匠，因为他们实在有太多的文人情怀和抒情寄托，许多佳词丽句在唐诗宋词中找不到原本，若为工匠所作，又少些市井俚俗的味道。我收藏的一方瓷枕，书的是“惜花春起早，爱月夜眠迟”。这样的情感，哪像为生计打拼的匠人所为，书法又是这样的尽兴酣畅。而“客醉斜阳，马嘶锦地”，这分明是《红楼梦》中宝二爷和黛玉姑娘才能吟诵的诗句，又有谁会认为这是从薛蟠或焦大嘴里喊出的。讲居住的环境，有诗云：“村落家家酒，园林处处花”，今天借来做建设社会主义新农村的口号似乎也还可以用，套用句现代时髦的话，那是讲究居住生态环境的改善，完全可以用来做某个生态楼盘推销的广告语。至于“骑驴过小桥，独见梅花瘦”，不难从中一窥宋元时人们的审美情怀，“骑驴过小桥”，不是担心“掉沟里”，而是“独见梅花瘦”，那简直是一种为了追求美不惜舍出命的病态雅了。“风吹因遇竹，泉冷遇通山”、“浓雾锁俊山，小桥伴流水”，这样的佳联绝配，不知是出自哪位民间匠人之手，如果有朝一日，我们发现这竟是唐宋哪位大诗人、大词人的佚诗，那也不足怪。“流水绕人家，远山当（挡）客路”，这样明显的错字，这样稚拙的书法，一看就知道作者只能是乡间工匠，却难得他有那样一颗细品“流水”绕了“人家”、“远山”挡了“客路”，把日常生活诗意化的文人之心。

宋时文人喜欢作笔墨文字游戏，苏东坡这样的大学士也喜作回文诗。一首《菩萨蛮》留在了瓷枕上：“落花闲院春衫薄，迟日恨依依，梦回莺舌弄，邮便问人羞”。这首回文诗也可以读为：“薄衫春院闲花落，依依恨日迟，弄舌莺回梦，羞人问便邮”。我收藏的元代山西窑诗词枕上的“风动风琴风韵响，雨敲雨障雨声寒”也是回文诗，可以读作：“响韵风琴风动风，寒声雨障雨敲雨”。回文诗句文雅，风声雨声交织，“风动风琴”对“雨敲雨障”，“风韵响”对“雨声寒”，十分妥帖，而反过来，“响韵风琴”对“寒声雨障”、“风动风”对“雨敲雨”，也很有韵味。从苏大学士到窑场工匠，都在玩这样高雅的文字游戏。书香取代了剑气，儒雅排斥了任侠，统治者只求偏安苟且的重文抑武政策，使全社会都弥漫一种嗜文趋雅之风，瓷枕上文字也可窥见一斑。

“人老簪花不自羞”的“教化美”

宋元是一个理学大行其道的时代，儒学虽然还未到一家独尊的地位，但佛、道两教的利用已有很大的节制。经过程颐、朱熹这些理学大师将儒学哲学化、系统化、精致化，儒学已成为一个系统、完整的思想体系并深刻影响到社会生活。当“格物、致知、正心、诚意、修身、齐家、治国、平天下”成为整个士大夫阶层的理想，社会审美自然也加入了教化的功能，议论为诗、说理成文，已是一道审美风景，自然也被植入天天与人朝夕相伴的瓷枕文化之中。

我有一方瓷枕，上书五言诗：“在处与人和，人生得几何，长修君子行，由自是非多”，它要求人们要用道德规范自己，修身养性，作谦谦君子，促进和谐。每天临睡前，看看瓷枕所书，可起到“吾日三省吾身”的效果。广东南越王博物馆收藏扬永德捐枕中，有一方书有同样文字的叶形枕。可见当时这些劝诫作用的诗词书于枕上，是十分普遍的。我还有一方瓷枕所书为：“立身之法，孝顺为先，家和人善，富贵千年”。书法显然学的是徽宗皇帝的“瘦金体”。这两方瓷枕都生动地记录了中国传统文化中的和谐文化和慈孝文化。虽然芸芸众生们未必都看过《中庸》和《孝经》，但通过瓷枕上这些格言警语，却能一下抓住儒家学说的要义精粹，达到修身齐家的目的。

在我收藏的瓷枕中，还有一些书有“为争三寸气，白了少年头”之类反映老百姓处世哲学的瓷枕。这样一种看似消极的处世哲学和人生态度，是与宋代的宫廷竞争和镇压对手的残酷联系在一起的，人们不能不事事小心，避免祸从口出。这个话辑录在流行很广的《名贤集》中，作者不详，从内容看，应为宋以后儒生收集编辑。全书汇集了孔孟以来历代名人贤士的嘉言善行，诸如“人穷志不穷”、“年老人不老”等等，朗朗上口，易诵易记。至于“状元及第”之类的瓷枕，则寄托了父母对子女的期许，也能起到励志的教化作用。

一方金代八角磁州窑瓷枕，记录了苏轼《吉祥寺赏牡丹》：“人老簪花不自羞，花应羞上老人头。醉归扶路人应笑，十里珠帘半上勾。”中的前两句。古往今来评诗者，觉得东坡为诗“善结别境”，“自别趣而理趣出”，“人老簪花”非常人行为，更非常人心境，可苏东坡为什么要这样写呢？直到我看了李公麟所画《会昌九老图》，才一下悟到东坡先生诗中所含深意。北宋时期，有尊老敬老的传统，所谓的“会昌九老图”是指9位老人集会，其中除最年轻的白居易74岁外，都到了80高龄，而最年长的李天爽已136岁了，人们给他戴上鲜花庆贺一番。李公麟生动地记录了这一场面。苏东坡《吉祥寺赏牡丹》也同样生动地记录了人们为老人簪花以示敬重这一场面。它说明，老人也有追求时尚的权利。记之在枕，同样是对社会风尚起到教化、引导的作用。希望我们今天的老年人也可“老夫聊发少年狂”，美起来，潮起来，也都当个“不良老人”，来个“老不正经”。

“一架青黄瓜”的“俚俗美”

宋元瓷枕既然是来自民间的艺术和创造，就自然贴近平民的生活，工匠们的艺术世界一定是十分生活化的。其实一些俚语俗事，反映到瓷枕上，反而有一种清新纯朴的感觉。俗也是有层次的，生活中固然有粗俗和低俗，但反映到瓷枕这一与老百姓日常生活息息相关的艺术载体上，我们看到的却都是一种雅俗，俗得清新，俗得可爱，俗得有趣，当然也就俗得高雅。雅俗之间，其实并没有什么绝对的界限。我收藏书有“一架青黄瓜，满园白黑豆”的两方瓷枕，一为草体，一为楷体。这是再直白不过的大实话，俗到了家。然而“一架”对“满园”，“青黄瓜”对“白黑豆”，其对仗之工整，意味之隽永，却又精巧雅致。老百姓居家，有老百姓自己的生活情趣，青黄瓜对白黑豆显然比金玉满堂对锦绣铺地来得自然。一方绿釉枕书《咏瓜》诗："绿叶追风长，黄花向日开，香因风里得，甜向苦中来。"其中包含了多少的人生哲理，更有几多生活情趣。而一首出自民间匠人的"水上虾麻真书出，泥中蛐蟮草写之"，形容青蛙在水中游动，就好像在写一个"出"字，而泥鳅在泥中滑行，就像一个草书的"之"字。这样趣味天成、极其生活化的比喻，只有生活在民间的匠人，时时观察自然，才能体味出来。而一方刻有"酒熟社前后，四邻三五家，东风满门巷，吹动蒺梨花"的磁枕，则非常形象地反映了当时民俗和邻里关系。

另有一方书有邵雍："皤然一老翁，凡百事皆慵。旧物不尽记，故人难得逢"诗词枕，活灵活现地描绘了一老人老而糊涂的状况，似乎就是我们身边的人和事。邵雍是个哲学家、理学家，并不以诗词名世，作为理学象数学派的创立者，宋明理学的代表性人物，他的著作如《皇极经世》、《伊川击壤集》等都是非常玄奥难懂的文字。这方瓷枕选邵雍的诗，却是一首极其直白的白话诗，虽然直白，却又内含哲理，真可谓俚俗与高雅的异途同曲。我们可以细细品味一下瓷枕上的俚语俗言、警句谚语，如"欲作高堂梦，须凭妙枕歌"，"静坐常思己过，闲谈莫论人非"、"众中少语，无事早归"、"招财进宝"、"四时八节"、"高枕无忧"，甚至还有镇魔驱邪的"敕鬼"等等，这些民俗俚语，蕴含了许多人生经验和社会智慧。汇集起来，自然就成了人们向社会学习、向生活学习的重要途径，是一种养成教育，等于家家有了块置于床头的小黑板。人生的启蒙教育就是这样开始的，难怪如此受人钟爱和欢迎。

最后，还不能不谈到宋人喜欢谈史论埋的"咏史美"。哪朝哪代，都没有宋人那么喜欢纵论古今、谈史抒怀。感叹"大江东去，浪淘尽，千古风流人物"的，绝不仅仅是苏大学士，也有贩夫走卒、乡间工匠。"咏史"诗也在瓷枕上大行其道。有"过邯郸故园，遗行客，感伤多"，感叹"见旧日楼台，昔时禁苑，狐兔为窠，英雄到今何在"的；有总结"终灭了汉，始灭了秦，子房公到底高如韩信"，为何"到老来全身"，是因为"为甚不争名，曾共高人论"的。而我收藏的一方绿釉枕，上书："洛阳时景春幽，酒海花林散愁；到处楼台客醉，满城槛里香留"。写的是洛阳城的繁荣奢华景象，洛阳游春时，人人徜徉在酒海花林间，家家扶得醉人归，城里房子都弥漫酒香。虽然没有议论，然而，那一幅醉生梦死的景象，却已暗示着一个王朝挽歌已经唱响，也快步入穷途末路了，引发人们无限的回味和遐想。这首六言诗旁刻了"古吟"两字，未查到作者出处，借此，也正好求教于方家。

附录2

以虎为枕

2010年是中国的虎年，在中国传统文化中，虎被看做是百兽之王，称为山君，它的地位仅次于龙，所以人们常常说龙虎精神。翻开一本《中华成语大词典》，以虎打头的成语就有19条，至于不打头而有虎字的成语，没有来得及检索，想必更多。成语中虽然也有虎口余生、虎头蛇尾、降龙伏虎这样略带贬义的词，但更多的是虎啸风生、虎踞龙盘、龙腾虎跃这样的褒义词。还在周武王时，就把勇士称为“虎贲”，把皇宫中统领卫戍部队的将领封为“虎贲氏”。到了汉代更设有“虎贲中郎将”、“虎贲郎”的官职。虎将，那是一个很高的荣誉了。虎符更成为古代帝王授予臣属兵权的信物，战国、秦汉时都很盛行，两半相合，成一完整的虎形，方能调动军队。

说到老虎，在中国神话中有黄帝与蚩尤大战的美谈。黄帝靠了他那拥有巨大能量，能造成骄阳当头、赤地千里的女儿魃，把蚩尤的大雾、风雨烤得干干净净，取得了大战的胜利。可是女魃没有返回天庭，以致她所到之地，旱情一片，赤地千里，人们痛恨地把她称作旱魃。而最后靠了什么东西制服她呢？那就是靠了能服阴的阳物——白虎。汉画像石中有许多“虎吃旱魃”的画面。为了驱赶邪恶，人们把虎头作成铺首，放在大门上，镇邪驱妖。

作为艺术造型的虎最早出现在商代青铜器中，现存江西省博物馆的立耳卧虎方鼎就是商早期青铜文明的代表。写实的玉虎，在商代的玉器中已不鲜见。何时以枕的形式出现，按晋人王嘉《拾遗录》记载，“汉诛梁冀，得一玉虎头枕，云单池国所献，检其颌下，有篆书字，云是帝幸之枕，尝与妲己同枕之，是殷时遗宝也”。此种说法，未见实物，不足为证。但可以肯定的是秦汉之时，虎枕已是时尚之物。江苏狮子山汉墓就出土了镶有虎形玉片的玉枕，透雕虎头，十分威猛。山东长清双乳山汉墓也出土有双虎头玉枕。

以虎为枕出现在瓷器中，应该是自隋始，到了唐代，在长沙窑和越窑的产品中都有虎形雕塑的脉枕。宋元时期，虎枕已相当普遍。除有雕塑枕外，还有彩绘虎形枕、绘画枕、三彩刻花枕等。有人统计，现存国内外各大博物馆中的虎枕为52个，其中，唐代为6个，均为雕塑枕，宋代为19个，金代最多，为26个，元代为1个。当然这是一个很不完全的统计，在这个统计中，我就知道有不少遗漏。国外各大博物馆，如美国旧金山亚洲艺术博物馆、纽约布鲁克林博物馆等均有虎枕收藏。国内博物馆中故宫博物院和上海博物馆收藏的几只虎枕都很有名，尤其上博收藏的芦塘秋禽纹虎形枕被《文物定级大辞典》收录，成为国家陶瓷器一级文物的一个标准器。这只瓷枕又被文物出版社出版的《大圣遗音——中国最美的艺术品》和《中国记忆——五千年文明瑰宝》收录。这只瓷枕不仅以威武、凶猛、极具装饰性的虎的造型，成为中国古代动物雕塑的典范，而且在枕面以娴熟的笔法，勾勒了一幅饶有情趣的写生小品：一只小鸟立于水中汀河上，回颈遥望远空之上下交飞的秋雁。物象寥寥，景象幽幽，饶有意趣。十分难得的是枕底有墨笔行书："大定二年，六月二十六日张家"，想必是买家随手写下的。《文物定级大辞典》把这只瓷枕定为宋代磁州窑文物，既然对枕底墨书的"大定二年"熟视无睹，那就是认为此墨书晚于生产年代，但目前这类枕普遍都定为金代。

定为磁州窑也是有问题的，现磁州窑所属的观台窑、彭城窑和临水窑，均未发现雕塑形虎枕残片，有的主要是绘画虎枕。雕塑虎形枕多出于山西长治窑。当然，如果加一个字，称之为磁州窑系，那就没有问题了。国内博物馆中收藏虎枕最多的，当属广东南越王博物馆中的古代瓷枕馆，本来主要产于北方窑口的瓷枕怎么集中到南粤之地，那要归功于香港企业家、收藏家杨永德夫妇的慷慨捐赠。

多年来，我致力于古代陶瓷的收藏，也有十多只虎枕，值此之际，愿与公众共赏。

一是秋塘三鸟图雕塑虎形枕。此枕与上博收藏的那只枕有异曲同工之妙，虎背上枕面的三只小鸟十分可爱。布局上，一只立于礁石上，回颈遥望；另两只驻足汀河水草上，与立鸟相向，似在窃窃私语；旁边一丛芦苇，烘托出秋日萧瑟，笔墨十分洗练，鸟仅以三笔就勾画得栩栩如生。它恰好反映了宋代花鸟画从北宋到南宋逐渐由写实向写意转变的过程，把这三只鸟放在宋徽宗的《写生珍禽图》中，似乎也不逊色。

二是牡丹小鸟图雕塑虎形枕。此枕与前一只枕应出自山西长治同一窑口。图面展示的是两只并蒂牡丹中立有一戴胜白头翁鸟。这一花鸟小品显现了匠人不凡的写实能力，一只鸟立于牡丹枝头，叽叽喳喳，使整个画面一下活了。牡丹枝头秋意闹，也是一种情趣。

三是秋禽红叶图雕塑虎形枕。秋风萧瑟中，枝头红叶稀疏，孤零零的一只鸟儿，缩着脖颈，似乎已经感到阵阵的寒意，它与老虎的威猛形成一个强烈的反差，这样一种对比恰好构成了审美的强化。

四是高士图雕塑虎形枕。此枕枕面是一人物绘画，一高士踟蹰于江湖之畔，岸边水草寂寥，天上云彩渺渺，垂杨轻拂，营造了类似屈子行吟图的意境。此虎的造型与前面三只虎枕迥异，仅用褐彩绘出虎纹，未再施黄褐彩填底。显然不是山西窑产品，当然也可笼地称之为磁州窑系，具体是哪个窑待考。

五是铁锈花釉诗文虎形枕。这只枕上题唐诗一首"春眠不觉晓，处处闻啼鸟。夜来风雨声，花落知多少"。在瓷枕上题诗文的不少，但在虎背上题诗的却不多见。这首孟浩然的《春晓》，在宋代时已是妇孺皆知了。枕在这样的瓷枕上，由不得你"春眠不觉晓"。这个枕的断代及窑口，有些不同的认识，我仍把它放进来，也是因为其有可爱之处。

六是三彩虎形枕。一只斑斓大虎伏在一山石上，似乎随时准备呼啸而起，虎背施以绿彩，上面用褐彩刻划出一束阔叶，好像虎给自己做了一个迷彩的伪装，这也是饶有兴味的。

七是虎纹雕塑虎形枕。这个枕通体用黑彩画出虎纹，十分流畅，虎纹一笔而下，带有流动和波折，表现出天然纹路和质感，显示了工匠艺人们娴熟的绘画技艺和表现手法。虎头上有王字，显示其王者之风。南越王博物馆有一类似的收藏，定为山西长治窑。

八是三彩雕塑虎枕。此三彩枕使用褐、绿、墨彩，釉面晶莹，流淌自然，唯枕面留白，未作绘画。开始我以为是匠人疏忽，后又见到类似的枕，方知是有意留白，以烘托三彩的效果。

九是三彩刻花虎枕。枕面呈如意形，周边和虎身施绿釉，底子施黄釉，深黄浓绿对比强烈，很有视觉冲击力，加上用流利的刀法在枕面刻出一蓄势待发的老虎，刻划流利有力，很有点木刻画的趣味，使老虎平添了几许威猛之气。

十是金代磁州窑如意形画虎枕。磁州窑以白地黑花见长。这个枕面就画了一个老虎，黑白两色，但并不显得单调。这只伏虎的造型非常准确，运用写实的手法，使画面主题突出，形象完整，不琐碎紊乱。比较典型地体现了磁州窑的艺术特点和风格。

十一是长方形画虎枕。这是一只表情十分丰富的蹲虎，眼睛已没有老虎的凶猛之气，而多了几分忧郁。友人开玩笑说，这只老虎若有所思，似乎最近有点烦、有点烦。枕的其余四面，均有花鸟。画面呈开窗式，如意形窗外饰以花卉，一草一叶，搭配匀称和谐，达到意到笔随的境地，而非刻意的雕琢堆砌。类似的枕在磁县博物馆和邯郸博物馆均有收藏。

十二是一对黄、绿彩小雕塑虎形枕。如果说其他虎形枕都透着一股舍我其谁的威猛之气的话，那么这两只仅有16厘米长的小虎枕，则更多地表现了虎的温顺和可爱，使人很自然地想到北方农家喜欢给孩子戴上虎头帽和穿上虎头鞋的风俗。

虎枕主要流行于宋金时期，特别是金代，这首先是与中国的传统文化追求英武、健壮，认为虎能避邪有关。汉代推崇四神，又称四灵，青龙、赤虎、朱雀、玄武，在瓦当、铜镜上都有虎的形象，“左龙右虎辟不祥”是汉铜镜常见的铭语，崇虎已成了一种社会风俗，东汉应邵就在《风俗通义·祀典》中说：“虎者，阳物，百兽之长也，能执搏挫锐，噬食鬼魅”。在中国传统文化中，虎是威严、正义、公正、力量的化身，是王者之风的象征。到了金代，这样一种社会风俗和大众审美心理，与金人能骑善射，形成“秋捺钵”即秋天狩猎的生活习俗相结合，使民俗产物的虎枕，很自然地在金代流行开来。

（《以虎为枕》发表于《文明》杂志2012年第二期。首博的崔国民书记、王春城研究员和香港大收藏家翟健民先生等一行五人来过我家，其中翟先生对我的虎枕收藏十分称赞，称在博物馆也没看到过这么多老虎枕。看来，我得抓紧筹备博物馆了。）

图书在版编目（CIP）数据

块冰岚染　千年梦华：黄宏藏枕：全 2 册 / 黄宏著．—上海：上海科学技术文献出版社，2012.10
ISBN 978-7-5439-5568-4

Ⅰ．① 块…　Ⅱ．①黄…　Ⅲ．①瓷器（考古）—收藏—中国—古代②古代生活用具—收藏—中国　Ⅳ．① G894

中国版本图书馆 CIP 数据核字（2012）第 228370 号

本图册中所有藏品及文字说明均由藏家本人提供，仅用于艺术欣赏，不做他用，特此声明。

责任编辑：张　树　李　莺
装帧设计：许　菲
翻　　译：赵舒静

块冰岚染　千年梦华·黄宏藏枕
黄　宏　著
出版发行：上海科学技术文献出版社
地　　址：上海市长乐路 746 号
邮政编码：200040
经　　销：全国新华书店
印　　刷：上海书刊印刷有限公司
开　　本：889×1194　1/16
印　　张：32.875
版　　次：2012 年 10 月第 1 版　2012 年 10 月第 1 次印刷
书　　号：ISBN 978-7-5439-5568-4
定　　价：368.00 元（上、下册）
http://www.sstlp.com